IMPROVISATIONSTHEATER

Band 8: Gruppen, Geld und Management

IMPROVISATIONS-THEATER

Band 8: Gruppen, Geld und Management

DAN RICHTER

Impressum

Dan Richter
www.danrichter.de

© Januar 2019

Herstellung und Verlag: BoD – Books on Demand, Norderstedt

Cover-Gestaltung: Laura Kötter
Foto des Autors: Matthias Fluhrer

Bibliografische Information der Deutschen Nationalbibliothek: Die Deutsche
Nationalbibliothek verzeichnet diese Publikation in der Deutschen
Nationalbibliografie; detaillierte bibliografische Daten sind im Internet über
dnb.dnb.de abrufbar.

ISBN 9783748192473

INHALTSVERZEICHNIS

Vorwort

Dies ist der achte Teil des Werkes „Improvisationstheater als Kunst". Er ist eine Handreichung für Impro-Spieler, die sich für die organisatorischen und finanziellen Belange ihrer Gruppe interessieren.

Sowohl Amateure als auch Profis bekommen hier Hilfestellungen zu den alltäglichen Herausforderungen, mit denen eine Improtheater-Gruppe konfrontiert ist. Das betrifft künstlerische Themen, wie Proben-Arbeit, Feedbacks, Show-Vorbereitungen, aber auch ganz besonders organisatorische Fragen: Wie baut man eine Impro-Gruppe auf? Wie hält man sie zusammen? Welche internen Konflikte entstehen typischerweise und wie können wir sie lösen? Wie lässt sich mit Improtheater Geld verdienen?

Das Buch wendet sich natürlich in erster Linie an Improvisierer. Aber ich hoffe, dass auch andere Künstler davon profitieren können.

Jede Gruppe funktioniert nach ihrer eigenen Logik. Daher sollten die Ratschläge in diesem Buch nicht wie eherne Gesetze aufgefasst werden. Ich sehe sie vielmehr wie Angebote in einem großen Kaufhaus. Man bediene sich bei den Dingen, die einem gefallen. Die anderen kann man getrost stehen lassen.

Um flüssiges Lesen zu erleichtern, wird in diesem Werk überwiegend das generische Maskulinum verwendet.

Ich widme diesen Band allen noch ungegründeten Gruppen, die in den nächsten Jahren erblühen werden.

1 GRÜNDUNG EINER IMPROTHEATER-GRUPPE

1.1 Mitglieder finden

1.1.1 Neu-Gründungen

Du hast Dutzende Impro-Shows gesehen, du hast vielleicht ein paar Grundlagen-Kurse belegt. Und jetzt juckt es dich in den Fingern, das auch auf die Bühne zu bringen. Wo aber findest du Mitglieder für deine neue Gruppe? Wie findest du Zugang zu bestehenden Impro-Gruppen?

Bevor du verzweifelt herumsuchst, solltest du dich fragen: *Was will ich überhaupt?*

- Möchte ich mit anderen ab und zu improvisieren und alle paar Wochen mal auf der Bühne stehen?
- Will ich Anschluss an *irgendeine* Gruppe finden, damit ich einfach so viel Spielpraxis wie möglich gewinne?
- Oder möchte ich eine Gruppe aufbauen, die so nahe wie möglich an meinen eigenen künstlerischen Visionen arbeitet?

Wenn es dir um eine der beiden ersten Varianten geht, dann solltest du dich ans Internet, insbesondere Soziale Netzwerke halten. Dort findest du leicht bereits bestehende Gruppen, die in deinem Wohnort oder in der Nähe spielen oder proben. Bei etablierten Gruppen kannst du freilich nicht davon ausgehen, sie hätten jahrelang nur auf dich gewartet. Frage höflich nach, ob du an einer Probe teilnehmen könntest. Einige größere Gruppen bieten auch regelmäßig Castings an.

Der „natürliche" Weg, den die meisten heute bestehenden Gruppen gewählt haben, führt über Kurse und Workshops. Besuche Trainings und Workshops in deiner Nähe, dort findest du am ehesten Gleichgesinnte. Sprich die Teilnehmer an, mit denen du dich wohlfühlst, ob sie Lust haben, regelmäßig zu improvisieren.

Oft machen sich ganze Workshop-Klassen selbständig. Das fühlt sich zunächst ganz gut an, da man den positiven Schwung aus den Impro-Kursen in die Gruppe mitnimmt. Aber dieser Automatismus verhindert bisweilen, dass einige Annahmen unausgesprochen bleiben, über die sich eine Gruppe aber verständigen sollte. Ein regelmäßig auftretendes Ensemble funktioniert nämlich anders als eine Workshop-Gruppe.

Jede Gruppe, die aus einem Workshop hervorgegangen ist, muss diesen Schritt früher oder später gehen. Zwei Fragen muss man sich hier stellen: 1. *Will* man mit dieser oder jener Person zusammen auf der Bühne stehen? 2. *Kann* diese Person das auch dauerhaft leisten? Nur wenn man beide Fragen von Herzen bejahen kann, sollte man die Personen aufnehmen. Die Trennungen, die sich hier vollziehen, sind oft schmerzlich, da man einander mag und gemeinsam in die Geheimnisse der Improvisation eingedrungen ist. Der Schnitt wird aber umso schwieriger, je länger man damit wartet und ihn hinausschiebt auf einen Zeitpunkt zu dem die Gruppe sich schon als Ensemble formiert hat.

Manchmal findet man Gleichgesinnte auch auf Festivals. Ich empfehle diesen Weg, da man hier nicht selten Gleichgesinnte findet, die aus derselben Region kommen und ähnliche Ambitionen haben.

Ein Weg, der meines Erachtens viel zu selten gegangen wird, obwohl er gerade für junge Menschen auf der Hand liegt, ist, mit *Freunden* eine Improgruppe zu gründen. Ich meine nicht irgendwelche Freunde, sondern Freunde, mit denen man gemeinsam kreativ ist, mit denen man sich zusammen ausspinnen kann, die denselben Humor und dieselbe Energie haben. In anderen Kunstformen findet man diesen Weg immer wieder. Freunde gründen Bands, machen zusammen Kurzfilme und Hörspiele. Warum nicht Improtheater? Freunde verstehen sich oft blind, haben ein ungeheures Vertrauen zueinander und scheinen die Gedanken des anderen lesen zu können.

1.1.2 Mitglieder für bestehende Gruppen finden

Nicht nur Gruppen in Neugründung suchen neue Mitspieler. Auch als gestandene Gruppe braucht man neue Spieler. Aber woher nehmen? Gute Spieler sind rar. Und bei talentiertem Nachwuchs ist oft nicht klar, ob ein vielversprechender Entwicklungsstart auch anhält.

Aus eigenen Kursen und Workshops rekrutieren

Wenn ihr regelmäßig Improtheater unterrichtet, fällt euch sicherlich von Zeit zu Zeit das eine oder andere Naturtalent in die Hände. Einige Schüler hingegen starten als Mauerblümchen und wollten „nur mal ihre Spontaneität verbessern". Aber plötzlich, nach drei oder vier Monaten, entfalten sie einen ungeahnten schöpferischen Reichtum.

Die meisten Workshop-Teilnehmer wollen nicht einmal auf die Bühne und bringen auch nur wenig handwerkliche Vorbildung mit. Das ist natürlich zu beachten, wenn man sich auf dieses Wagnis einlässt. Nötigenfalls braucht es ein paar Wochen zusätzlichen Schliff auf Spezial-Gebieten, wie Schauspiel und Stimmtraining.

Schauspielschulen

Ich wünschte, ich könnte Schauspielschulen bedingungslos als Pool zur Neurekrutierung von Impro-Spielern empfehlen. Leider wird die Improvisation in den meisten Schauspielschulen vernachlässigt.[1] Sie wird oft nur als Mittel zum Zweck gesehen. Durch die Improvisation werden Figuren gebastelt und das Zusammenspiel der Schauspieler trainiert. Aber Improvisation als umfassende Kunst wird dort momentan noch kaum wahrgenommen, allenfalls in ihrer durchs Fernsehen bekannten Entertainment-Form, die den Schauspielschulen und -Schülern suggeriert, davon habe man die Finger zu lassen. Die Folge ist, dass die meisten Schauspielschul-Absolventen zwar davon berichten, während ihres Studiums viel und gern improvisiert zu haben. Aber das hat nur sehr wenig mit dem zu tun, was wir unter szenischer und narrativer Improvisation verstehen. Sie sind ohne gezieltes Improtraining nur selten in der Lage, gemeinschaftlich eine sinnvolle Szene aufzubauen, geschweige denn eine Story zu erschaffen.

Der große Vorteil bei Schauspiel-Studenten ist freilich, dass man ihnen kaum mehr etwas übers Schauspiel sagen muss. Pantomime, Status, Stimme, Charaktere – auf all diese Facetten dürfte man sich, zumindest bei den einigermaßen renommierten Schulen doch verlassen können.

---

[1] Momentan verändern einige Schauspiel-Schulen ihr Verhältnis zu Improvisation, etwa wenn externe Improvisationslehrer werden zur Ausbildung herangezogen werden, und ganze Stücke aus der Improvisation entwickelt werden. Aber zurzeit sind das noch Einzelfälle.

Andere Gruppen

Soll man Schauspieler anderer Gruppen fragen? Das mag sich vielleicht ein bisschen wie Ehebruch anfühlen. Ich halte das aber für durchaus legitim. Viele Spieler fühlen sich in ihren Gruppen nicht ausgelastet. Sie sind froh, wenn sie so oft wie möglich spielen können.

Wenn du selbst ein Spieler bist, der in zwei Gruppen spielt, solltest du dir bewusst sein, dass von dir doppelte Loyalität gefragt ist. Das heißt: Kein Lästern über die andere Gruppe und schon gar nicht über Spieler. Bleib offen und klar in deinen Zusagen. Versuche nicht, eine Gruppe gegen die andere auszuspielen, weder in künstlerischen noch in persönlichen oder finanziellen Fragen.

Casting

Wenn ihr dermaßen bekannt und beliebt seid, dass viele talentierte Schauspieler mit euch spielen würden, dann lohnt sich unter Umständen ein Casting.

Die Frage ist, ob man das Casting völlig offen hält oder die Bewerberzahl gezielt reduziert. Hat man ganz spezifische Pläne, zum Beispiel die Truppe zu verjüngen oder den Anteil der weiblichen oder männlichen Spieler zu erhöhen, kann man solche Einschränkungen einfügen. Aber soll man Impro-Erfahrung voraussetzen? Und wenn ja, wieviel? Meine Empfehlung: Haltet den Zugang so offen wie möglich. Die Spieler mit langer Impro-Erfahrung kennt ihr wahrscheinlich sowieso schon selber und könnt sie direkt einladen. Interessant wird es, wenn sich Spieler bewerben, die euer Radar nicht sofort aufspürt. Schauspielschul-Absolventen mit enormem Impro-Talent, Impro-Schüler, die bisher nicht auf der Bühne standen, Comedians mit Hang zum Improvisieren und so weiter. Entscheidender als die Frage, wie lange jemand schon improvisiert, ist doch, welche Impulse diese Person eurer Gruppe gibt. Kann sie sich mit euren Zielen identifizieren?

Für ein Casting halte ich deshalb zwei Stufen für nötig. Erstens die Performance, zweitens das Gespräch. Im *Performance-Teil* des

Castings ist es wichtig, dass ihr *allen* Teilnehmern ein gutes Gefühl gebt. Verschafft den Spielern einen leichten Einstieg, vielleicht ein Gruppen-Spiel oder -Warm Up. Seid bereit, viel zu lachen. Testet weniger die Schwächen, sondern gebt den Kandidaten die Möglichkeit, ihre Stärken zu entfalten. In manchen Impro-Castings werden Spieler aussortiert, weil sie bestimmte Games nicht kennen! Was für eine Verschwendung künstlerischen Potentials!

Ebenso halte ich einige Spezialfähigkeiten für vergleichsweise irrelevant. Soll man zum Beispiel jemanden von der Liste streichen, nur weil er nicht berlinern kann? Fragt euch lieber: Welche *künstlerischen Fähigkeiten* erwarten wir? Wenn ihr jemanden sucht, der in der Lage ist, aus alltäglichen Situationen Komik zu entwickeln, dann gebt ihm entsprechende Settings an die Hand. Wenn ihr ein Impro-Musik-Team seid und jemanden sucht, der singen kann, dann lasst ihn Songs improvisieren.[2]

Im Gesprächs-Teil des Casting könnt ihr feststellen, ob ihr künstlerisch auf einer Wellenlänge seid. Lasst die Bewerber von ihren künstlerischen Interessen sprechen, von ihren Vorstellungen und Wünschen. Was macht ihnen an Improtheater Spaß? Was würden sie gern mal ausprobieren? Dabei ist nicht einmal hundertprozentige Deckungsgleichheit mit euren eigenen Interessen und Fähigkeiten nötig. Schließlich wollt ihr ja einen Zuwachs, der eure Gruppe ergänzt.

---

[2] Ob man aber in einem „normalen" Improtheater, das musikalische Improvisation nur als ein Feld bedient, Impro-Gesang erwarten soll, muss man auch bezweifeln. Ich habe erlebt, wie eine höchst talentierte Impro-Spielerin in der Testphase aus einer Gruppe ausgeschlossen wurde, weil sie nur mittelmäßig sang, wobei in einer durchschnittlichen Show dieser Gruppe allenfalls zwei Songs zu hören sind. Viele der großen Impro-Genies würden auf diese Weise von der Liste eliminiert werden.

1.2   Künstlerische Ziele: Was wollen wir spielen?

Impro-Gruppen stellen diese Frage häufig ganz ans Ende des Gründungsprozesses. Sie diskutieren lang und breit, welchen Namen sie sich geben wollen, sie diskutieren das Bühnenoutfit, Sponsoren, Höhe des Eintrittsgeldes. Aber *was* man spielen will, scheint nebensächlich oder selbstverständlich – eben Impro-Shows.

Was ihr spielen wollt, ist die wichtigste Frage von allen!

Viele Gruppen halten Inhalt und Form des Improtheaters für völlig selbstverständlich. Aber nur weil man gemeinsam ein paar gute Shows gesehen hat oder weil man gemeinsam in Workshops gewachsen ist, heißt das aber nicht, dass man dieselbe Richtung anstreben will.

Wollt ihr lustige temporeiche Kurzform-Shows spielen? Dann klärt, welche Spiele ihr mögt und welche ihr noch lernen wollt. Findet Spiele im Internet, erfindet eure eigenen Spiele. Wie wollt ihr eure Shows aufziehen? Soll es eine klassische Theatersport-Show werden? Oder eine gemischte Show, die auch ein paar freie, etwas längere Szenen beinhaltet?

Wenn ihr euch eher auf Langformen orientieren wollt, dann tauscht euch darüber aus, welche Art von Impro-Stil ihr mögt. Was fasziniert euch genau an Langform-Improvisation? Sind es eher die Storys oder eher die Collagen? Welche Filme und welche Theater-Autoren liebt ihr?

Fragt euch, was genau euch an Improtheater gefällt.[3] Die Meinungen können hier durchaus unterschiedlich sein. Wenn einer mehr film-orientiert denkt und der andere eher an schön strukturierten Formaten interessiert ist, kann sich das durchaus gegenseitig befruchten. Schwierig wird es, wenn ihr merkt, dass ihr völlig anders tickt und dass ihr ganz unterschiedliche Dinge von Impro-

---

[3] Diese Frage sollte man sich alle paar Jahre wieder stellen. Und vielleicht ist die Antwort heute eine andere als in zehn Jahren oder vor zehn Jahren.

theater erwartet. Wenn sich eine bewegungssüchtige junge Schau-
spielerin, deren Hintergrund der Tanz ist, mit einem etwas behäbi-
gen fünfzigjährigen Stand Up Comedian als Duo zusammentut,
dann kann das gut gehen, wenn die beiden ihre Talente zu kombi-
nieren verstehen. Falls sie aber im Gespräch spüren, dass er Improtheater eher von der verbalen Komik aufziehen möchte und sie
eher in Richtung bewegungs- und tanzorientierte Improvisation
gehen möchte, so werden sie nur schwer zusammenkommen,
wenn sie an ihren Zielen festhalten, ohne sich auf die Poesie des
anderen einlassen zu wollen.

Wie weit man hier die Gelegenheit nutzen will, um einander zu
entdecken und ob man bereit ist, Kompromisse einzugehen, bleibt
letztlich eine rein persönliche Entscheidung. Die Fähigkeit, sich
von anderen verändern zu lassen, ist einerseits eine Grundtugend
des Improtheaters, andererseits ist auch klar, dass es Grenzen gibt.
Grenzen des Geschmacks und Grenzen der körperlichen und geis-
tigen Fähigkeiten.

Ich habe heterogene Gruppen gut zusammenspielen gesehen
und habe erlebt, wie relativ homogene Gruppen an Grundsatzfragen zerbrachen. Wenn es ein Element gibt, das über den künstlerischen Zusammenhalt entscheidet, dann ist es der Humor. Ähnli-
cher Humor lässt euch in die gleiche Richtung segeln. Dann seid
ihr auch eher in der Lage, über die eine oder andere Schwäche
hinwegzusehen, da ihr ja letztlich dasselbe anstrebt. Es lässt sich
leichter scheitern, wenn man ähnliche Ziele verfolgt. Und umgekehrt werden einige Verhaltensweisen auf der Bühne von einem als
Schwäche angesehen und vom anderen nicht, wenn man auf völlig
unterschiedliche Ziele zusteuert.

1.3   Vision und Mission – Das Warum

Macht euch klar, was eure Mission und eure Vision ist. Warum
steht ihr auf der Bühne? Und ich meine wirklich: WARUM?

Die meisten Gruppen fangen mit Improtheater an, weil sie Improtheater irgendwo gesehen haben und sich sagen: „Das möchten wir auch." Oder die Spieler wachsen aus Trainings- und Workshop-Gruppen. Sie wissen ungefähr, *was* sie machen wollen (nämlich Improtheater spielen). Sie wissen hoffentlich, *wie* sie es machen wollen. Aber selten haben sie eine Vorstellung, *warum* sie es tun. Was verbindet euch jenseits von Lachern und Applaus, jenseits von Geld, jenseits von „schönen Storys". All das sind eher Effekte und Ergebnisse.) Gibt es etwas, das noch tiefer liegt, als jede Form, jedes Ergebnis von Improvisation? Etwas, das euch bewegt, überhaupt aufzustehen, das euch antreibt?

Wenn ihr diesen gemeinsamen Antrieb findet, der aus allem, was ihr tut, hervorscheint, dann werdet ihr überzeugen. Ihr werdet einander überzeugen und gegenseitige Loyalität herstellen. Und ihr werdet ein Publikum überzeugen, das euch die Treue hält.

Wenn sich eure Gruppe noch keine Gedanken darüber gemacht hat, müsst ihr nun nicht gleich in Panik verfallen und eine Vision/Mission/Strategie-Konferenz abhalten. Eine aus dem Zwang geborene Vision ist in der Regel dümmer als gar keine Vision. Man kann durchaus, auch ohne die Frage nach dem Warum beantwortet zu haben, jahrzehntelang angenehme Shows improvisieren. Manchmal hängt die Mission auch unausgesprochen in der Luft. Jeder fühlt im Grunde, worum es geht. Aber werdet ihr auch über Durststrecken hinaus zusammenhalten? Wird euch das Publikum treu bleiben, wenn eure Experimente scheitern? Vor allem aber: Werdet ihr euch selber treu bleiben?

Möglicherweise bedarf es auch des Nachdenkens, des längeren Reflektierens, und vielleicht kann man auch mit verschiedenen Gründen und Visionen leben. Das Formulieren von Vision und Mission soll keinesfalls zur Pflichtaufgabe mutieren. Es lohnt sich aber, darüber nachzudenken, was man überhaupt will.

Die Mission kann politisch sein, aber auch rein ästhetisch. Sie kann aus ethischen oder aus künstlerischen Überlegungen erwachsen. Es geht bei der Suche um die Mission nicht so sehr darum, sich etwas Schlaues auszudenken, sondern eher darum, die tieferliegende Motivation aufzuspüren. Selbst wenn die Missions-Suche ohne Ergebnis beendet wird, ist vielleicht der Weg das Ziel – nämlich, sich über die Motivationen verständigt zu haben.

1.4   Zeitliches Engagement klären

Die künstlerischen Ziele der Gruppenmitglieder mögen gleich sein, und doch wird jeder unterschiedlich viel Zeit für die gemeinsame Sache aufbringen können. Selten gibt es in diesem Punkt komplette Übereinstimmung aller Mitglieder. Manche haben einen Vollzeit-Job, andere wollen Improtheater zu ihrem Hauptberuf ausbauen. Einige sind vielleicht durch soziale Verpflichtungen wie Kinderbetreuung zeitlich gebunden. Ihr werdet also mit Unterschieden leben müssen. Ihr solltet euch zwei Fragen stellen:

1) Wieviel Zeit brauchen wir für unser Projekt, um es umsetzen zu können?

Um eine Improtheater-Gruppe zum Laufen zu bringen und am Leben zu halten, sind zahlreiche Aufgaben zu erfüllen. Da wären zunächst die Shows, die man personell abdecken muss, zum Beispiel auch, wenn einer der Spieler erkrankt. Seid ihr bereit, euren Urlaub aufeinander abzustimmen? Wie oft wollt ihr proben, um euch künstlerisch zu entwickeln? Wer kümmert sich um Werbung? Wer übernimmt die Kommunikation mit Veranstaltern. Wollt ihr an Festivals teilnehmen? Und wenn ja, wie oft?

Wenn ihr diese Frage und die sich daraus ergebenden Teilfragen beantwortet, kann es durchaus sein, dass sich Spieler mit einem größeren Zeitbudget stärker als andere engagieren. Und das ist auch völlig in Ordnung, denn bei hier geht es lediglich um die Machbarkeit des Projekts. Das kann so weit gehen, dass man einen Geschäftsführer ernennt (und bezahlt), der sich um sämtliche Verwaltungsfragen kümmert.

2) Wieviel Zeit sollte jedes Mitglied *mindestens* in das Projekt einbringen?

Diese Frage mag so wirken, als könne man sie später klären, wenn sich die Gruppe erst mal eingegroovt hat. Das Problem ist nur, dass viele Gruppen zu spät aufwachen und feststellen, dass alle Mitglieder unterschiedliche Vorstellungen davon hatten, was auf sie zukommt. Die später aufkommenden Streitigkeiten sind dann mit Schlagworten wie „Professionalität", „Spaß", „Laienhaftigkeit" verbunden, die einen nicht weiterbringen. Klärt die Zeitfrage wertungsfrei, und ihr erspart euch viele spätere Konflikte.

Eine Gruppe kann durchaus mit unterschiedlichem zeitlichen Engagement ihrer Mitglieder leben. Aber es gibt ein Minimum, unter das der zeitliche Einsatz nicht fallen darf, da sonst die Gruppe früher oder später auseinanderzudriften droht. Das Minimal-Engagement sollte sich auf die Shows, aber mehr noch *auf die Proben* konzentrieren. Denn Proben und Besprechungen sind die Sphäre, in der die Spieler zusammenfinden und sich als Gruppe formen, erhalten und entwickeln. Wenn also jemand beruflich oder familiär zeitweise stark eingebunden ist, kann man versuchen, es dieser Person zu ermöglichen, wenigstens bei den Proben mitzuspielen und somit an eurer Entwicklung teilzuhaben. Auf Proben ist die Bereitschaft des Ausprobierens und die Toleranz fürs Scheitern in der Regel höher als bei Shows. Natürlich sollte man auch in dieser Minimum-Frage großzügig bleiben, da es auch Extremsituationen wie Geburt, Jobwechsel, Krankheit gibt.

1.5 Zeitplan

Eine der besten Nachwuchsgruppen, die ich kennengelernt habe, war über zwei Jahre lang mit Proben und Planen beschäftigt. Sie wussten, dass sie einander mögen und dass sie irgendwann auftreten wollen. Sie hatten sich einen Namen gegeben, eine Website erstellt, aber sie traten einfach nicht auf. Einige von ihnen hatten schon über sechs Jahre Impro-

> Erfahrung in den Knochen, aber sie zierten sich immer noch. Schließlich sollte es ja „richtig gut" sein. Nach anderthalb Jahren hatten sie dann ihren Auftritt, der mich begeisterte, nur um anschließend wieder monatelang weiterzuproben. Dann bekamen drei Spielerinnen Kinder, zwei Spieler zogen aus der Stadt weg, und die übrigen zwei hatten keine Energie, das Team fortzuführen.

Der erste Auftritt kann furchteinflößend sein. Aber diese Furcht darf nicht dazu führen, dass das Proben zur unbewussten Vermeidungsstrategie wird. Ihr braucht ein konkretes Ziel, auf dass ihr zusteuern könnt – eine Show. Werdet ihr gut genug sein? Ja und nein. Ja, weil ihr einen großartigen improvisierten Abend vor Freunden, Bekannten und Neugierigen gespielt haben werdet. Nein, weil es generell kein „gut genug" gibt. Aber man muss sich in das Abenteuer stürzen, um die Erfahrung zu machen, wie sich Bühnenspiel *wirklich* anfühlt. Regelmäßiges Auftreten schweißt die Gruppe zusammen.

Erarbeitet also einen Plan für eure erste Show und schiebt möglichst bald die zweite, dritte, vierte Show hinterher, um Regelmäßigkeit zu etablieren. In dem von mir genannten Beispiel hätten die Frauen, wenn die Gruppe sich einigermaßen etabliert hätte, zwar gewiss nicht ihren Kinderwunsch zurückgestellt und der männliche Spieler hätte sicherlich auch nicht das Job-Angebot ausgeschlagen, aber die verbliebenen Spieler hätten gewiss mehr Energie ins Weiterspielen gesteckt und somit nicht nur die Gruppe erhalten, sondern auch den pausierenden Spielerinnen die Rückkehr ins Ensemble erleichtert.

Wie lange man proben soll, um erstmals öffentlich (das heißt außerhalb des privaten Kreises von Freunden und Verwandten) auftreten zu können, hängt von vielen Faktoren ab, besonders natürlich vom Impro-Talent und den Erfahrungen der Spieler. Aber sie ist auch davon abhängig, wie wohl man sich beim Spielen miteinander fühlt. Es gibt Spieler, die ich nach einem halben Jahr Grundlagen-Training für bühnenreif halte. Andere sind nach fünf

Jahren noch nicht so weit (und wollen vielleicht auch gar nicht öffentlich auftreten).

Wenn ihr euch generell auf der Bühne wohlfühlt, sind für den durchschnittlichen Spieler einhundert Stunden Impro-Training und fünfzig Stunden gezielte Proben vor dem Start regulärer Shows. Außerdem rate ich zu kleinen Auftritten vor Freunden oder Kurzauftritten bei Mixed Shows und Open Mikes. Akzeptiert, dass ihr in der ersten Zeit ein paar durchwachsene Shows spielt. Um wirklich besser zu werden, braucht ihr auch Bühnenpraxis. Hier gibt es genügend Formate, die missratene Szenen heiter auffangen (Theatersport, Quintett, Maestro) und das Improvisieren in eine gelungene Show integrieren.

Legt euch einen Zeitplan zurecht, inklusive Werbung und Proben, und dann ab auf die Bühne!

1.6   Zuständigkeiten festlegen

Überlegt euch zu Beginn eurer Unternehmung, wer in eurer Gruppe welche Aufgaben übernimmt. Viele mag das zunächst überfordern, und manche Aufgaben erscheinen auch einfach undankbar. Da will man eigentlich nur Impro spielen, und plötzlich soll man mitentscheiden, wie die Website aussehen soll, wer der Ansprechpartner für die Vermieter der Probe-Bühne sein soll, wem man die Finanzen anvertrauen soll.

Wenn einige Aufgaben unattraktiv oder zeitraubend erscheinen, so ist überhaupt nichts dagegen einzuwenden, diese auszulagern, sofern man es sich leisten kann – Werbung, Verwaltung, Design, Außen-Kommunikation. Wenn die Gruppe groß genug ist und auch professionell agieren soll, kann man sich natürlich sofort ein Büro zulegen mit ein bis zwei Angestellten, die sämtliche Organisation übernehmen.

Möglichst viele Aufgaben auszulagern, scheint zunächst attraktiv, stellt sich aber später oft als umständlich raus. Wenn ihr eine eher kleine Gruppe seid, die ihre Entscheidungen kollektiv und demokratisch trifft, dann sollte man sich zum Beispiel gut überlegen, ob man eine externe Person für sämtliche administrativen Aufgaben anheuert. Denn jede Anfrage und fast jede Entscheidung wird dann durch diese Verwaltungs-Person lediglich gefiltert, ohne dass sie wirklich Arbeit abnimmt, da man dann letztlich das Meiste (Will ich diese Anfrage annehmen? Wollen wir diese Versicherung abschließen? usw.) doch selber entscheiden muss.

In größeren Gruppen kann es sinnvoll sein, die Aufgaben thematisch aufzuteilen. Eine Person kümmert sich um sämtliche Design-Angelegenheiten, eine andere um telefonische Anfragen und Kommunikation, wieder eine andere übernimmt die Kasse, eine vierte die Dispo der Auftritte aller Spieler usw. Der Nachteil ist, dass sich in basisdemokratischen Gruppen mit jeder weiteren Aufsplittung der Aufgaben der Kommunikationsbedarf innerhalb der Gruppe erhöht, wodurch sich die absolute Menge der Arbeit für jeden erhöht. Wenn die Mitglieder sich damit gut fühlen, ist das in Ordnung. Aber es kann eben auch sinnvoll sein, mehrere Aufgaben zusammenzufassen und sie auf ein, zwei Mitglieder zu delegieren und diesen weitgehende Handlungsfreiheit einzuräumen. Und falls die Aufgaben einen Zeitaufwand erfordern, der nicht mehr unter „Hobby" zu verbuchen ist, sollte man sich überlegen, ob man diesen Aufwand finanziell entschädigt.

Natürlich hat niemand Zeit. Oder anders gesagt: Die eigene Zeit scheint oft wertvoller als die der anderen.

- „Du musst doch super viel Zeit haben, du studierst doch!"
- „Wenn du sowieso den ganzen Tag nur mit deinem Baby zu Hause bist, kannst doch die Finanzen bequem nebenbei erledigen."

Respektiert die Zeitbudgets der anderen. Und respektiert im Gegenzug auch den Arbeitsaufwand derer, die sich für die organisatorischen Aufgaben ins Zeug legen.

Um spätere Missverständnisse zu vermeiden, solltet ihr euch darüber frühzeitig aussprechen, aber auch immer wieder neu re-

flektieren, da sich die Lebensumstände der meisten Spieler alle paar
Jahre ändern, und zwar oft durch das Improspielen selbst.

1.7   Finanzielle Grundfragen klären

Wenn ihr davor steht, eine Gruppe zu gründen, geht ihr finanzielle
Verpflichtungen ein, selbst dann, wenn jeder von euch einen Vollzeit-Job hat, der ihn prima versorgt.[4] Ihr werdet zumindest entscheiden müssen, was mit den Einnahmen einer Show geschieht,
wie die Flyer, die Miete für Probenräume und die Kosten für die
Website bezahlt werden sollen. Nichts davon regelt sich von allein,
was ihr spätestens dann merkt, wenn ein Mitglied die Rechnung
des Webdesigners präsentiert und jeder etwas anderes unter dem
Stichwort „Freundschaftspreis" verstanden hatte.

Man sagt, Geld verderbe die Freundschaft. Das ist nur dann
der Fall, wenn sich die Beteiligten nicht offen aussprechen. Macht
einander klar, was ihr zu investieren bereit seid. Und ebenso, was
ihr zu verdienen erwartet. Vielleicht tragen sich einige mit dem
Gedanken, Improtheater zu ihrem Beruf oder Teilberuf zu machen. Wenn es hier unterschiedliche Erwartungen gibt, muss das
noch kein Problem sein. In vielen Gruppen gibt es „Profis" neben
„Amateuren". Das sagt noch lange nichts über die Qualität der
einzelnen Spieler aus und auch nichts über die Qualität der Gruppe. Aber sprecht offen über eure Erwartungen, um zu erkennen,
wo es Differenzen gibt und wie ihr Kompromisse schließen könnt.

1.8   Der Gruppen-Name

Über kaum eine Frage wird so hitzig und verzweifelt diskutiert wie
über den Gruppen-Namen. Bands sind über dieser Frage zerbrochen,
bevor sie ihren ersten Auftritt hatten. Einen Namen für eine

---

[4] Ausführlich dazu: Kapitel 6 Geld

Impro-Gruppe zu finden, ist wegen der vielen Beteiligten schwerer als der Name fürs eigene Kind.

Oft zermartern sich die Mitglieder einen Monat lang den Kopf, schreiben dann die Namen auf eine Liste und streichen dann sukzessive die kontroversen raus, um sich schließlich auf das geringste Übel zu einigen.

Die meisten Namen von Impro-Gruppen sind zweifellos extrem uncool. Das fiel mir noch einmal besonders auf, als ich kürzlich in Berlin an einer Mauer vorbeilief, die vollplakatiert war mit Ankündigungen für Hip-Hop- und Techno-Partys. Ich kannte kaum einen der Namen von ihnen auch nur vom Hörensagen, aber jeder einzelne machte neugierig. In Gedanken tauschte ich ein paar von ihnen mit Namen von Impro-Gruppen aus, und schon war der Zauber dahin.[5]

Hier ein paar Tipps, um ein paar übliche Probleme bei der Namensgebung zu umschiffen.

Seid nicht zu witzig

Der Impuls liegt nahe, mit dem Namen schon zu suggerieren, dass den Zuschauer etwas Lustiges erwartet. Das Problem ist nur, dass sich die Witzigkeit abnutzt, wenn man den Namen ein paar Mal gehört hat. Was beim vierten Bier in der Kneipe wahnsinnig ulkig gewirkt hat, klingt für Außenstehende, die sich überlegen, ob sie ins Improtheater oder doch lieber ins Kino gehen wollen, oft nur albern.

---

[5] Ich habe vor einer Weile mal zum Vergleich den Zufalls-Knopf auf der deutschen Wikipedia-Seite genutzt. Dies waren ungefiltert die ersten zehn Treffer: Ulmeneule, Trimble, Ragang, Wortbildung, Carter, Werfenweng, Aalberse, Ukrainische Eishockeyliga 1997/98, Rezaei, DX. Ich behaupte, dass der Anteil an nicht abgedroschen wirkenden Namen in dieser Zufalls-Sammlung deutlich höher ist als der in der gesamten deutschen Impro-Community.

Geht behutsam mit Wortspielen um.

Will man überhaupt Wortspiele für den Namen nutzen, dann am besten subtil. Schlimmer als Wortspiele sind Wortspiele mit „Impro" im Namen. Ich bitte hiermit all die hundert Gruppen, die das betrifft, um Entschuldigung, aber allein die Tatsache, dass es in Deutschland über hundert sind, sollte neuen Gruppen zu denken geben. Spielt mit Wörtern, die Assoziationen hervorrufen, die nicht zu eindeutig und nicht zu platt sind.

Prüft, ob es euren Namen schon irgendwo gibt.

Es kommt doch tatsächlich vor, dass Gruppen denselben Namen wählen. Das ist nicht weiter verwunderlich. Oft entstehen Namen, weil eine Gruppe, die es als solche noch gar nicht richtig gibt, für ihren ersten Workshop-Auftritt schnell einen braucht. Hat man sich erst mal provisorisch auf einen geeinigt, wird man ihn schwer wieder los. Fragt euch, ob ihr zu einer Vorstellung einer Gruppe mit diesem Namen gehen würdet. Und wenn ja, wie oft.

2 GRUPPENSTRUKTUREN

2.1   Große und kleine Gruppen

2.1.1   Kleine Gruppen – zwei oder drei Spieler

Der große Vorteil kleiner Gruppen liegt auf der Hand. Man muss nur selten künstlerische Kompromisse schließen. Mit ein oder zwei anderen Spielern, die genauso ticken wie man selbst und deren Fähigkeiten die eigenen wunderbar ergänzen, kommt man inhaltlich und formal ohne größere Debatten schnell auf den Punkt. Enge Freundschaften und ähnliche Interessen treiben das Ziel voran.

Sehr kleine Gruppen haben außerdem den Vorteil, dass sie ziemlich flexibel sind. Man stellt sich aufeinander ein, die Kommunikationswege sind kurz, man braucht auch über organisatorische Fragen nicht lange zu diskutieren.

Auf der Bühne erreichen gute Duos und Trios oft eine ungeheure Intensität. Das Vertrauen und die Intimität übertragen sich fast magisch aufs Publikum. Die Vertrautheit erreicht bisweilen ein Level, auf dem es scheint, sie könnten voneinander die Gedanken lesen. Kleinste Andeutungen werden klar verstanden. Nichts muss mit dem Holzhammer kommuniziert werden.

Die Anforderungen an die Impro-Fähigkeiten (besonders Aufmerksamkeit und physische Energie) sind freilich hoch. Da man kaum im Off ist, hat man nicht den Luxus, die Szene „von außen" wahrzunehmen.

Als Duo und als Trio ist man auch in einigen formalen und ästhetischen Möglichkeiten stark beschränkt. Auf einen Chor müsst ihr ebenso verzichten wie auf die gewaltige Wirkung von zehn Schauspielern auf der Bühne, die alle das Gleiche tun. Zwar könnt ihr Szenen spielen, in denen mehrere Charaktere gleichzeitig auftauchen, aber das verlangt überdurchschnittlich gute schauspielerische Fähigkeiten.

Als kleines Ensemble habt ihr auch das Problem, dass Spieler nur schwer ersetzbar sind. Wird einer krank, fällt unter Umständen die ganze Show aus.

Dass Dreiergruppen einerseits sehr munter und energetisch, andererseits aber auf spezielle Art konfliktanfällig sein können, weiß jeder, der schon mal in der Kombination Pärchen plus Freund Urlaub gemacht hat.[6] Wechselnde Loyalitäten, Allianzen und Konflikte sind hier ein mögliches Problem, wenn nicht ausreichend kommuniziert wird. Auch wenn scheinbar alles normal und reibungslos verläuft, sollte man sich ab und zu über Ziele, Gemeinsamkeiten, aber auch Probleme verständigen.

2.1.2 Mittlere Gruppen – vier bis zehn Spieler

Die mittlere Gruppengröße hat zwei große Vorteile.

---

[6] Wegen der wechselnden Allianzen und Konflikte ist diese Kombination auch auf der Bühne so schön dynamisch anzuschauen.

1. Organisatorisch

- In Gruppen von bis zu zehn Mitgliedern funktioniert die Kommunikation noch einigermaßen schnell.
- In kleineren Gruppen lassen sich verschiedene Organisationsmodelle anwenden. Ihr könnt entweder basisdemokratisch arbeiten (was bei zunehmender Größe immer schwieriger wird). Oder ihr delegiert die künstlerische und geschäftliche Leitung (was bei Trios und Duos nur begrenzt sinnvoll wäre).
- Durch Krankheit, Berufs- oder Wohnortwechsel ausfallende Spieler lassen sich relativ leicht ersetzen oder verschmerzen, ohne dass der Charakter der Gruppe völlig verändert wird.
- Da sich in mittleren Gruppen schnell spezifische Rollen herausbilden, kann es zwar immer wieder interne Konflikte persönlicher und künstlerischer Art geben, aber bei einem Mindestmaß an Sensibilität kann man davon ausgehen, dass die Selbstheilungskräfte groß genug sind, um Kompromisse zu finden, ohne dass das Gruppengefühl verlorengeht.

2. Künstlerisch

- Mit einem mittelgroßen Team hat man viele Möglichkeiten. Man kann zum Beispiel kleine Game-orientierte Shows spielen. Mit vier Spielern plus Moderator lässt sich aber auch schon eine satte Theatersport-Show[7] auf die Beine stellen, die sich auch noch erweitern lässt, wenn Schiedsrichter und mehr Spieler pro Team dazukommen. Großformate wie Musical oder Group-Mind-Formate wie Harold[8] lassen sich noch mal ganz anders aufziehen als mit Trios. Dasselbe gilt auch für stilistisch orientierte Langformen.
- Je größer die Gruppe, umso vielfältiger sind die Talente, die der Gruppe zufließen. Charmante Moderatorinnen, geniale

---

[7] Siehe „Improvisationstheater. Band 9: Impro-Shows"

[8] Siehe „Improvisationstheater. Band 6: Freie Formen und Collagen"

Schauspielerinnen, elastische Tänzer, begnadete Geschich-
tenbastler und blitzschnelle Improvisierer. Die Unterschiede
lassen sich mit gutem Willen rasch fruchtbar machen.

Und da sind wir schon bei den Problemen:

- Je mehr Personen beteiligt sind, umso vielfältiger sind nicht
  nur die Fähigkeiten, sondern auch die Wünsche und Ansprüche. Gerade in demokratisch organisierten Gruppen
  werden hier rasch unterschiedliche Ziele deutlich. Das heißt:
  Will man eine Vielfalt von Talenten, dann muss man auch in
  gewissem Maße mit unterschiedlichen künstlerischen Zielen
  leben. Ihr müsst in der Lage sein, Kompromisse zu schließen, ohne eure künstlerische Vision zu verraten. Für das
  einzelne Mitglied stellt sich die Frage, ob es in der Gruppe
  seine Vorstellungen von Improtheater *weitestgehend* umsetzen
  kann. „Weitestgehend" heißt, dass man in Gruppen-Situatio-
  nen *immer* Kompromisse schließen muss. Aber wenn dein
  unabänderliches Ziel darin liegt, die schmissigste Theater-
  sport-Truppe Europas aufzubauen, während deine Kollegen
  Theatersport eher langweilig finden, weil sie sich lieber
  Langform-Impro widmen wollen, dann musst du dich wohl
  früher oder später nach einer anderen Gruppe umschauen.[9]
- Die Vielfalt der Talente wird auch zum Problem, wenn einzelne Spieler auf Rollen festgelegt werden. Der gute Moderator will vielleicht nicht immer moderieren, der gute Sänger
  nicht immer singen.
- Je größer ein Ensemble ist, umso schwerer ist der Kahn zu
  steuern, da Gruppen, sobald sie ein Ziel erreicht haben, zu
  Konservatismus neigen: „Warum soll man etwas ändern, das

---

[9] Man muss wohl anfügen, dass bestimmte Ziele an bestimmten Orten zu bestimmten
Zeiten schlicht nicht umsetzbar sind. Wenn du in einer Kleinstadt lebst, wo es nur eine
Handvoll Impro-Spieler gibt, dann kann es für dich sinnvoll sein, *überhaupt* zu improvisieren und formale Vorlieben erst mal zurückzustecken, wenn die Gruppe gerade
einen anderen Weg nimmt.

funktioniert?" Es wird unter Umständen schwieriger, die Spieler von neuen Formaten oder alternativen künstlerischen Richtungen zu überzeugen als das unter drei Freunden der Fall wäre. [10] Gruppen sollten sich der Problematik des Erstarrens bewusst sein und sich immer wieder öffnen – für neue Ideen, für neue Mitspieler, für externe Einflüsse.

- Mit wachsender Größe erhöht sich auch die Wahrscheinlichkeit der „Unverträglichkeit" zweier oder mehrerer Spieler. Hier hilft es, eine gewisse Gruppendisziplin und (auch bei Amateurgruppen) Professionalität einzufordern, in dem Sinne, dass persönliche Animositäten hintangestellt werden und die Improvisation im Vordergrund steht. In einer Gruppe muss nicht jedes Mitglied mit allen anderen befreundet sein. Aber man sollte auf der Bühne miteinander klarkommen und dort Freude am gemeinsamen Improvisieren haben. Probleme sollten schnell und sachlich geklärt werden. Lasst keine Intrigen oder Getratsche in den Gruppen zu. Schneller als geahnt kommt es zu Fronten und Loyalitätskonflikten.

Feiert eure Gemeinsamkeiten und lernt, eure Unterschiede zu schätzen.

2.1.3 Große Gruppen

In aller Regel wächst die Mitgliederzahl einer Gruppe nur dann auf über zehn Spieler, wenn sich durch den Erfolg der Gruppe auch mehr Möglichkeiten ergeben, insbesondere mehr Auftrittsmöglichkeiten. Für eine Amateurgruppe, die quasi „natürlich" wächst,

---

[10] Ein typischer Verlauf ist, dass sich aus mittleren und großen Gruppen, die vor allem Games spielen, Langform-Untergruppen bilden. Die Gefahr für die Gesamtgruppe ist, dass sich diese Untergruppen früher oder später abspalten, wenn ihre Wünsche nicht ernstgenommen werden.

macht es nur in Ausnahmefällen Sinn, von vornherein so groß zu starten.

Große Gruppen müssen beachten, dass demokratische Entscheidungen schwieriger zu handhaben sind. Ich sage nicht, dass Basisdemokratie in größeren Gruppen und Organisationen völlig unmöglich ist, aber sie wird anstrengender und zeitaufwendiger, weil mehr Stimmen gehört werden müssen. Und es besteht die Gefahr, dass wichtige Entscheidungen immer wieder vertagt werden oder die Gruppe künstlerisch stagniert. Eine Lösung, die sich hier anbietet, ist, sich von vornherein professionell zu organisieren – mit Geschäftsführung und künstlerischer Leitung.

- Bei einer großen Gruppe wird es schwieriger, die spezifischen Bedürfnisse der einzelnen Spieler zu befriedigen. Das kann relativ unproblematisch sein, wenn die Vision und künstlerische Umsetzung alle Mitglieder gleichermaßen überzeugt und begeistert. Zum Problem wird es, wenn Spieler immer wieder zu Show-Formaten *eingeteilt* werden, die sie im Grunde nicht mögen. Das heißt, es muss, egal in welcher Struktur, einen kommunikativen Fluss geben, der den einzelnen Spielern die Möglichkeit gibt, gehört zu werden.
- Je größer die Gruppe wird, umso geringer ist die Chance, dass bei rein zufälliger Spielplan-Aufteilung sich zwei beliebige Spieler auf der Bühne begegnen oder überhaupt zum Austausch kommen. Bei einem Cast ab vierzig Personen hat man vielleicht noch das Gefühl, Teil der Familie zu sein, aber es wird für jeden Einzelnen (inklusive der Leitung) schwierig, die Beziehungsgeflechte noch zu überblicken.

Eine Gruppe von fünfundzwanzig Mitgliedern mit fünf gut besuchten Shows pro Woche hat natürlich auch Vorteile, sowohl fürs Gesamt-Team als auch für das Einzelmitglied. In der Regel sind solche Gruppen auch wirtschaftlich erfolgreich, sonst würden sie sich ja nicht vergrößern. Das heißt, die Gruppe kann sich vielleicht leisten, ein Theater zu betreiben und ihren Spielern anständige Gagen zu zahlen. Wenn es mehrere Shows gibt, kann man auch

Impro-Experimente wagen, die sowohl wirtschaftlich als auch künstlerisch riskant sind, da man genügend Masse hat, um das Scheitern gegebenenfalls aufzufangen. Aus fünfundzwanzig Spielern können sich zum Beispiel auch sechs Opern-Fans zusammenfinden, die unabhängig von den anderen daran arbeiten, ein anspruchsvolles Format wie eine Langform-Oper zu entwickeln, ohne dass der Zusammenhalt der Gruppe durch das Unterprojekt infrage gestellt würde.

2.2   Schön aber anstrengend: Basisdemokratie

Derzeit sind die meisten deutschsprachigen Impro-Gruppen basisdemokratisch aufgebaut. Das heißt, dass alle wichtigen Entscheidungen von der Gruppe insgesamt beschlossen werden. Der große Vorteil der basisdemokratischen Organisation besteht darin, dass die Mitglieder das Gefühl haben, an einem Strang zu ziehen. Die Stimme des Einzelnen wird von allen gehört. Selbst wenn man als Einzelner mal bei der einen oder anderen Abstimmung in der Minderheit bleibt, bleibt das Gefühl der Zusammengehörigkeit erhalten. Wenn auch schwierige Entscheidungen gemeinsam beschlossen werden und man auch gemeinsam Fehler begeht, schweißt das die Gruppe zusammen. Man geht durch dick und dünn. Basisdemokratische Strukturen empfehlen sich besonders für kleine Gruppen, für Amateur-Gruppen und für Gruppen mit sehr spezifischer künstlerischer Vision.

Aber Basisdemokratie ist nicht „natürlich", sondern muss gelernt und praktiziert werden. Außerdem ist sie zeitintensiv. Deshalb hier ein paar Empfehlungen.

- Habt Mut, **Aufgaben zu delegieren.**
  Wenn sich jemand mit Werbung auskennt oder auch nur Lust hat, diesen Bereich zu übernehmen, dann seid froh, dass diese Person die damit verbundenen Aufgaben übernimmt. Gebt ihr Handlungsspielraum. Überwacht nicht jeden ihrer Schritte, sondern gesteht ihr zu, Fehler zu machen.

So mag es sinnvoll sein, sich die Entwürfe für die Website zeigen zu lassen, aber es muss nicht über jeden Teilschritt abgestimmt werden.

- Setzt **Prioritäten** und legt **Verantwortlichkeiten** fest.

Ohne klare Zuständigkeiten verhakelt man sich zu schnell in nebensächlichen Debatten, während die wichtigen Aufgaben unter den Tisch fallen. Falls wirklich niemand Lust darauf hat, sich um die Finanzen zu kümmern, muss die ungeliebte Aufgabe eben jährlich rotieren.

- Bleibt **offen für Neues**.

Diese Mahnung richtet sich gerade an mittlere und größere basisdemokratische Gruppen. Ist man mit einem Rezept erst mal erfolgreich, liegt die Versuchung nahe, das bis in alle Ewigkeit weiterzuführen. Während es in Gruppen mit künstlerischer Leitung auch mal Anstöße gibt, die zunächst eher widerwillig hingenommen werden (und sich später als befruchtend erweisen), braucht die basisdemokratische Gruppe einen offenen Geist für Experimente und eine Sphäre, in der diese Experimente ausprobiert werden können, zum Beispiel indem eine bestimmte Anzahl von Proben jährlich für neue Formate reserviert wird.

- Setzt euch bei euren Treffen eine klare **Tagesordnung** und bestimmt Gesprächsleiter, die sich klar und energisch aufs Wesentliche konzentrieren können und in der Lage sind, sich verzettelnde Teildebatten auch mal abzubrechen.

- Legt möglichst schon während der Gründung fest, **welche Fragen nur einstimmig** entschieden werden sollten. Bei kleineren und mittleren Gruppen betrifft das insbesondere die Aufnahme neuer Spieler. Ansonsten erfordert es ein gewisses Fingerspitzengefühl, wann man das Mehrheitsprinzip entscheiden lassen sollte. Wenn sich einzelne Spieler oder Untergruppen wiederholt bei zentralen Fragen in der Minderheit befinden, kann das zu Frustration führen.

- In basisdemokratischen Gruppen werden sich manchmal **informelle Führungen** herausbilden. Meist sind das Spieler, die mehr Zeit in das Projekt investieren, die mehr organisatorische und künstlerische Impulse beisteuern als andere. Das ist nichts Schlimmes und verstößt auch nicht gegen das basisdemokratische Prinzip. Solange die grundsätzlichen Entscheidungen gemeinsam getroffen werden, können die Mitglieder mit engerem Zeitbudget froh sein, wenn sich andere stärker engagieren.

- Haltet bei Diskussionen das aus eurer Bühnenpraxis bekannte **„Au ja"-Prinzip** am Leben, um nicht Initiativen und Ideen abzuwürgen. Um einerseits offen zu sein und andererseits zu machbaren Entscheidungen zu gelangen, empfiehlt es sich, in drei Phasen vorzugehen.[11]
- Offenes Brainstorming. Alle Vorschläge sind erlaubt und werden zunächst nicht kritisiert.
- Prüfen der Machbarkeit der verschiedenen Optionen.
- Abwägen der Vor- und Nachteile der verschiedenen Optionen. Der Übergang von einer zur anderen Phase sollte möglichst klar sein.
- Möglichst **keine Basisdemokratie in Proben!** Wenn ihr nicht eine von Positivität und Ausprobierwillen überbordende Gruppe seid, liegt die Gefahr nahe, dass ihr euch bei Proben verzettelt, wenn jeder zu jeder Zeit seinen Senf dazugibt. Legt also für jede Probe einen oder zwei Verantwortliche fest.

2.3 Hierarchisch aber effizient: Gruppen mit künstlerischer Leitung

In bestimmten Konstellationen ist es sinnvoll, die künstlerische Leitung an eine Person abzugeben. Das bedeutet umgekehrt: Wenn du eine sehr präzise Vorstellung davon hast, wie die zu gründende Improgruppe funktionieren soll, dann suche dir Spieler

---

[11] Siehe dazu ausführlich Kapitel 5 „Interne Kommunikation".

zusammen, die von deinem Konzept überzeugt sind und die bereit sind, dieses Konzept mit dir durchzuziehen.

Ein künstlerischer Leiter lohnt sich auch dann, wenn die einzelnen Mitglieder sich für zu unerfahren halten und sich nicht zutrauen, eine Show zu konzipieren. Wie lange die Gruppe dann mit ihm zusammenarbeitet, muss sie wiederum selbst entscheiden. Manchmal genügt es ja, wenn einem jemand hilft, laufen zu lernen, alles andere kommt dann von allein. In anderen Fällen überzeugt die Arbeit der künstlerischen Leitung so sehr, dass man sie auf Dauer fortsetzt.

2.3.1   Die Aufgaben der künstlerischen Leitung

Kenne die Spieler und ihre Fähigkeiten. Das heißt, wenn du eine Gruppe aufbauen möchtest, sei sorgfältig im Casting. Habe ein genaues Auge auf die Fähigkeiten der Spieler. Interviewe sie zu ihren Bedürfnissen in Bezug auf Improvisationstheater.

Wenn du von einer Gruppe gebeten wirst, die künstlerische Leitung zu übernehmen, gehe die Sache ruhig an. Schau dir die Spieler bei ihren Proben an. Wohin geht die Energie der Gruppe? Manche Gruppen über- und manche unterschätzen ihre Fähigkeiten. Du solltest in der Lage sein, eine Vision für die Gruppe zu formulieren, bzw. Strategien und Schritte in Richtung dieser Vision zu organisieren. Das solltest du nicht alleine tun, sondern in Absprache mit den Gruppenmitgliedern. Eine Vision, die nicht von den Mitgliedern geteilt wird, ist das Papier nicht wert, auf dem sie formuliert wurde.

Bei den Proben solltest du zu Beginn möglichst immer, später so oft wie möglich teilnehmen und anleiten, um dir über die Entwicklung der Gruppe klarzuwerden.

Es liegt an dir, die Gruppe künstlerisch zusammenzuhalten, indem du klare Ziele formulierst, die den künstlerischen Erfolg definieren.

Wenn es eine Geschäftsführung gibt (oder Verantwortliche, die Fragen von Werbung, Finanzen usw. übernehmen), solltest du mit dieser Person zusammenarbeiten, damit ihr nicht aneinander vorbeiredet, wenn zum Beispiel Shows beworben werden sollen.

Hab ein offenes Ohr für die künstlerischen Bedürfnisse der Mitglieder.

2.3.2 Zusammenarbeit zwischen Gruppe und künstlerischer Leitung

Zwischen Gruppe und künstlerischer Leitung muss es ein großes Vertrauen geben. Künstlerische Leiter sind oft enthusiastische Charismatiker und gute Organisatoren. Sie erkennen Talente, können ihre Ziele verständlich und mitreißend formulieren und sind in der Lage, auf die Bedürfnisse der Gruppe einzugehen.

Eine künstlerische Leitung zu haben, bedeutet nicht, dass die Gruppe über gar keinen künstlerischen Spielraum verfügt. Es steht euch natürlich frei, selber Proben zu organisieren, bei denen ihr eure Fähigkeiten trainiert oder auch neue Ideen ausprobiert. Die Aufgabe der künstlerischen Leitung besteht dann darin, diese neuen Ideen möglichst geschickt umzusetzen, einzubauen, eventuell zu verschieben oder, falls die Projekte noch nicht reif sind, sie in Rücksprache mit den Künstlern vorerst auf Eis zu legen.

Von einem künstlerischen Leiter kann man eine gewisse Effizienz erwarten. Das heißt, neue Impulse sollten klar umgesetzt und bald ins Showkonzept eingebunden werden.

Das Konzept der Basisdemokratie ist in diesem Modell, was künstlerische Fragen betrifft, weitgehend außer Kraft gesetzt. Das bedeutet auf der einen Seite einen Gewinn an Effizienz. Andererseits muss die Gruppe klar dem künstlerischen Leiter so viel Vertrauen entgegenbringen, dass sie ihm auch dann folgt, wenn nicht jeder einzelne Schritt hundertprozentig nachvollziehbar ist. Denn auch ein künstlerischer Leiter braucht die Freiheit des Ausprobierens und Scheiterns.

3 TRAINING UND PROBEN

3.1   Künstlerische Weiterentwicklung

3.1.1   Weiterentwicklung – wozu?

Viele Gruppen haben im Laufe der Jahre einen hohen Standard erreicht. Sie spielen über hundert Impro-Games oder Dutzende Langformen mit unglaublicher Routine, sie haben ihre Shows und Bühnenpräsenz perfektioniert und ziehen regelmäßig ein dankbares Publikum an. Sie arbeiten Neu-Mitglieder rasch ein und bringen sie gewissermaßen „auf Linie". Wozu also sich neu orientieren?

Sicherlich spricht einiges dafür, eine erfolgreiche Strategie nicht leichtfertig auszutauschen. Wenn die Shows allen Beteiligten Spaß machen und man diese Freude auch dem Publikum vermitteln kann, wenn die Szenen überraschend bleiben, dann kann man durchaus eine Weile den eingeschlagenen Kurs weiterreisen. Aber die Starrheit als Gruppe birgt auch die Gefahr, dass man als Spieler die Kunst nicht mehr ernstnimmt, dass man erstarrt und die Improvisation nur noch als Job wahrnimmt. Routiniert abgespielte Shows wirken vielleicht professionell, aber sie verlieren unter Umständen den Charme des Neuen. Das Publikum ist ein scheues Reh. Plötzlich hüpft es fort, und man weiß nicht warum.

Die meisten großen Künstler haben immer wieder nach neuen Inspirationen und Ausdrucksformen gesucht. Indem sie Erwartungen des Publikums nicht vordergründig bedienten, gingen sie das Risiko ein, an neuen Formen zu scheitern. In der Pop-Musik denke man an die Beatles, die sich alle zwei Jahre neu erfanden. In der klassischen Musik zog sich Glenn Gould auf dem Höhepunkt seiner Karriere als gefeierter Konzertpianist ins Studio zurück, um an neuen Interpretationen klassischer Werke zu feilen. Miles Davis war von den 1940er bis 1990er Jahren an fünf musikalischen Revolutionen des Jazz maßgeblich beteiligt. Der Dichter Goethe, der Maler Picasso, der Komiker Helge Schneider, sie alle gaben sich nicht mit dem zufrieden, was sie geleistet hatten und wofür man sie schätzte.

3.1.2   Ziele setzen und neuformulieren

Weiterentwicklung ist natürlich kein reiner Selbstzweck. Es geht nicht darum, sich immer neue Games und Formate um ihrer selbst willen aufzuladen. Vielmehr sollten wir uns als Impro-Spieler fragen: Was interessiert uns? Was macht uns neugierig? Was würden wir gerne ausprobieren?

Für Anfängergruppen steht meistens im Vordergrund, sich die nötige *Bühnenreife* zu erarbeiten: Wie können wir dauerhaft Shows spielen, die sowohl uns als auch das Publikum befriedigen? Aber die Grundfähigkeit des Impro-Handwerks kann nicht der Punkt sein, an dem wir stehenbleiben.

Um sich nicht im Ungefähren zu verrennen, ist es nötig, dass man diese Ziele konkret und zeitbezogen formuliert, zum Beispiel: „Wir wollen innerhalb eines halben Jahres in der Lage sein, einen guten Harold zu spielen." Oder: „Wir wollen in den nächsten drei Monaten sechs Musik-Coachings nehmen, um unsere musikalischen Fähigkeiten auf der Bühne so weit zu verbessern, dass alle Gruppenmitglieder wenigstens spontan einen Popsong auf der Bühne improvisieren können."

Wenn wir das Ziel zu vage formulieren, zum Beispiel: „Im nächsten Jahr wollen wir auf der Bühne bessere Szenen improvisieren", dann können wir das Ergebnis nicht messen und haben auch nicht genügend Motivation, um uns spezifisch einem neuen Thema zu widmen. Ohne Zeitrahmen droht das Ziel ebenfalls am Horizont zu verschwinden, eben weil man sich dem Neuen dann *irgendwann mal* widmet und die große neue Aufgabe im alltäglichen Impro-Kleinklein untergeht.

Man muss diese Zielsetzungen nicht überehrgeizig angehen. Einige Ziele sind vielleicht so subtil, dass ein Außenstehender sie kaum bemerkt. Angenommen, eine ausgesprochene Theatersport-Gruppe (deren Ziel ja nicht unbedingt die Entwicklung neuer Formate ist) nimmt sich vor, ein Jahr lang bei jeder ihrer Proben mindestens eine Stunde Aufmerksamkeitstraining einzubauen. Selbst Stammzuschauer werden vielleicht nicht einmal genau sagen können, *was* sich an der Gruppe verändert, und doch trägt das Training und das neue künstlerische Ziel – die erhöhte Aufmerksamkeit – dazu bei, die Shows ansehenswerter zu machen. Im besten Falle werden Namen seltener vergessen, die Szenen werden komplexer und gleichzeitig subtiler.

Was aber, wenn wir ein klar formuliertes Ziel erreicht haben? Wir haben nun ein paar Monate daran gearbeitet, wie wir einen schönen Harold spielen, haben ihn zwei, drei Mal aufgeführt. Heißt das, dass wir nun sofort zum nächsten Thema springen sollen? Wenn euch das interessiert, könnt ihr das durchaus tun. Aber ihr müsst euch auch nicht hetzen. Genießt das, was ihr erreicht habt. Spielt euren Harold (oder euren Impro-Krimi, eure neuen Games, euer Musical), zieht so viel Freude daraus, wie möglich. Nutzt das erworbene Können und reizt es aus.

Aber ich rate vor allem erfolgreichen Impro-Gruppen, die immer wieder gebucht werden, die jede Woche mehrere Shows spielen, die Workshops unterrichten usw., sich nicht im Alltagsgeschäft zu verlieren. Alle ein bis zwei Jahre ein neues Projekt oder wenigstens eine Neujustierung des Programms scheint mir ein angemessener Mindestrhythmus.

3.1.3 Entwicklungsfähigkeit

Die Gruppe selbst muss herausfinden, in welche Richtung sie sich entwickeln will. Das ist manchmal leichter gesagt als getan. Heterogene Gruppen mit Spielern, die verschiedene Interessen und Fähigkeiten mitbringen, haben an dieser Aufgabe oft ordentlich zu knabbern. Führt die Debatte darüber möglichst unideologisch und in sanften Tönen. Umarmt eure Vielfalt. Schließt Kompromisse. Und nehmt vor allem die unterschiedlichen Interessen und Fähigkeiten der Spieler wahr.

Die Grund-Fähigkeiten des Improtheaters lohnt es immer auszubauen – Schauspiel, Impro-Techniken, Narrativ. Wenn es hier bei Einzelspielern krasse Defizite gibt, müssen sie eventuell Einzel-Trainings nehmen.

Etwas anderes ist es, wenn es um Spezialisierungen geht. Soll die Gruppe mehr Musicals improvisieren? Soll man regelmäßig Stücke im Shakespeare-Stil aufführen? Sollen mehr Tanzelemente eingebaut werden?

Manchen Spielern gelingt es nicht, von ihren eigenen Interessen zu abstrahieren und die Fähigkeiten der gesamten Gruppe zu betrachten. Sicherlich kann Gesangs- und Tanz-Training oder Beschäftigung mit Shakespeare-Stil nie schaden. Und ich will jedem raten, sich damit wenigstens ansatzweise auseinanderzusetzen. Wenn allerdings jemand schon Schwierigkeiten hat, einen einfachen Rhythmus zu halten oder auch nur annähernd einen Ton zu treffen und im Grunde auch gar nicht singen mag, kann ihm ein solches Training zwar sicherlich ein grundsätzliches musikalisches

Gespür vermitteln. Aber ihr werdet aus ihm keinen ausgereiften Musik-Improvisierer machen, der in wenigen Workshops lernt, wie man einen dreistimmigen Bossa Nova oder eine Barock-Arie improvisiert. (Und Gleiches gilt natürlich auch für fünfhebige Dichtung oder Tanz-Impro.)

Wenn sich in einer größeren Gruppe Fraktionen zu bilden beginnen, einige man sich auf Kompromisse. Dann könnten die vier Musik-Freaks an ihrem Musical-Projekt werkeln, für das sie einmal pro Monat eine Plattform bekommen, während die Gesamtgruppe sich ein anderes, eher allgemein gehaltenes Ziel setzt.

Auch wenn die Talente in den verschiedenen Sphären des Improtheaters unterschiedlich verteilt sind, so wächst man doch *als Gruppe*, indem man gemeinsam an Themen und Fähigkeiten arbeitet. Angenehmes gemeinsames Proben stärkt das Zusammengehörigkeitsgefühl enorm. Es stärkt den Humor und den Band-Charakter der Gruppe, und man entwickelt gemeinsam ein Gefühl für die Ziele auf der Bühne.

Ein wichtiger Aspekt des gemeinsamen Lernens ist auch, dass man die Stärken und Schwächen der Mitspieler kennenlernt. Wenn ich zum Beispiel weiß, dass mein Mitspieler bayrischen Dialekt imitieren kann oder auf Händen laufen und in den Spagat fallen kann, kann ich damit auf der Bühne bewusster spielen und entsprechende Angebote machen.

Die Gruppe entwickelt einen gemeinsamen Instinkt dafür, in welche Richtung man das Schiff segeln lässt. Sie trifft – manchmal unbewusst, manchmal nach längeren Diskussionen – Geschmacksentscheidungen. Zum Beispiel: Wie geht man mit tabuisierten Themen um? Lässt man sich auf Parodien ein? Sollen Männer Frauenrollen und Frauen Männerrollen spielen?

Um entwicklungsfähig zu bleiben, brauchen Impro-Spieler ein wohlwollendes Miteinander. Niemand ist perfekt, alle brauchen die Bereitschaft, sich individuell *und* als Gruppe zu entwickeln. Alle müssen den Kompromiss aushalten, einerseits unterschiedliche Fähigkeiten und Talente in die Gruppe mitzubringen und andererseits bereit zu sein, an Schwächen zu arbeiten und auf Stärken aufzubauen.

3.2   Bedeutung von Training und Proben

Fast alle regelmäßig auftretenden Gruppen, die ich kenne, sagen von sich, dass sie zu wenig proben. Der Ton, in dem das gesagt wird, erinnert an Leute, die beklagen, dass sie „zurzeit" zu wenig schlafen oder nicht dazu kommen, Sport zu treiben. Aber so wie Schlaf und Sport entscheidend dafür sind, dass wir uns mental ausgeglichen und körperlich fit des Lebens erfreuen können, so wichtig sind auch die Proben – für die Kunst und für den internen Zusammenhalt der Gruppe.

3.2.1 Fähigkeiten trainieren und warm halten

Immer wieder treffe ich auf die seltsame Vorstellung bei Impro-Spielern, man könne sich Impro-Fähigkeiten und Techniken aneignen, so wie man zum Beispiel Fahrradfahren lernt, das man ja auch nicht wieder vergisst. Kunst funktioniert aber nicht so, und performative Kunst schon gar nicht.

Gerade Improvisationstheater erfordert die Verfeinerung so vieler Fähigkeiten, dass man eigentlich nie genug trainieren kann – Schauspiel, Storytelling, Bewegung, Gesang, Regie, Schreiben. Und dazu kommen noch die impro-spezifischen Fähigkeiten, die auch nicht einrosten dürfen – Akzeptieren, Veränderbarkeit, Zuhören, Aufeinander eingehen, Behaupten, Timing usw.

Sportler kennen die grundlegenden Techniken ihrer Disziplin, aber sie brauchen auch die körperliche und mentale Fitness. Es nützt keinem Sportler, dass er vor einem halben Jahr fit war oder dass er *weiß,* wie man den Bogen spannt, die Latte mit einem Flop überquert, wie man einen linken Haken boxt. Als Impro-Spieler müssen wir auch unsere spezifischen Impro-Muskeln warmhalten und gezielt trainieren – den Akzeptier-Muskel, den Zuhör-Muskel, den Erinnerungs-Muskel, den Pantomime-Muskel usw.

Shows ersetzen nicht das Ausprobieren

> „Durch unsere vielen Auftritte sind wir ohnehin gut im Flow."

Auftritte ersetzen die Proben nicht, so wie auch Sportwettkämpfe nicht das Training ersetzen. Häufiges Auftreten ist zwar gut, um Bühnenroutine zu erlangen, ersetzt aber nicht das *Ausprobieren*. Zwar haben wir im Improtheater auch in einer Show mehr Ellbogenfreiheit als im konventionellen Theater, und insofern probieren wir auch in jeder Impro-Show. Doch Ausprobieren bedeutet auch, gezielt die Grenzen zu erkunden, gezielt Feedback zu bekommen und größere Risiken einzugehen.

Ein Beispiel dafür ist die Darstellung des anderen Geschlechts. Ich kenne nur sehr, sehr wenige Schauspieler, denen die Balance zwischen Erkennbarkeit und Überzeichnung in der Darstellung des anderen Geschlechts regelmäßig gelingt. Wo, wenn nicht in der Probe, will man solche Dinge ausprobieren, bei denen man ständiges Feedback *von außen* benötigt und bei denen man die Möglichkeit hat, bewusst ins Extreme oder Zurückhaltende zu gehen?

Fähigkeiten fithalten statt Manierismen entwickeln

Bei Proben lassen sich gezielt bestimmte Fähigkeiten trainieren, während man dabei andere etwas weniger im Fokus hält. So wie Bodybuilder ganz gezielt bestimmte Muskelpartien trainieren oder Musiker sich Herausforderungen stellen, so können wir uns gezielt bestimmte Games aussuchen, die unsere Fähigkeiten herausfordern oder verfeinern.

Nehmen wir das Game *Gefühlsstuhl*[12]. Man wird hier kaum große Storys, tiefe Szenen oder brillantes Schauspiel erwarten. Es ist

---

[12] Bei Berührung des Stuhls ändert der Spieler auf Zuruf seine Emotion.

einfach eine unterhaltsame Art, sich in der Probe den Themen „Emotionen" und „Sich verändern lassen" zu widmen. So übt man die *Fähigkeit,* selbst wenn das Game gar nicht öffentlich aufgeführt werden soll, etwa weil die Gruppe eher Langformen spielt.

Wer zu selten probt und zu wenig Feedback bekommt, landet früher oder später fast unweigerlich bei Manierismen. Kleine Gewohnheiten schleichen sich im Spiel während der Shows ein, die sich nicht ohne weiteres durch ein After-Show-Feedback minimieren lassen. Spieler, die häufig auftreten, aber selten proben, neigen dazu, ihren Fokus zu sehr aufs Publikum zu legen statt den Mitspielern die nötige Aufmerksamkeit zu schenken. Typische Folgen sind übermäßiges Gagging[13] oder klischeehafte Figuren, die auf Kosten der Szene überzeichnet werden.

3.2.2 Neue Fähigkeiten erlernen und alte verfeinern

Auch Fähigkeiten, die man im Prinzip schon beherrscht, brauchen Training. Schauspiel zum Beispiel lässt sich immer verfeinern. Vor allem aber Zuhören. Die Grundtugend, ohne die in der gemeinschaftlichen Improvisation alles andere nichts ist, kann gar nicht genug trainiert werden. Wie willst du akzeptieren, ohne zuzuhören? Wie willst du wiedereinfügen, wenn du dich nicht erinnerst, weil du nicht zugehört hast? Wie willst du authentisch reagieren, wenn du nicht sensibel zuhörst? Perfekt zuhörende Improvisierer (die es vielleicht in der Idealform nie geben wird), könnten nach der Improvisation das komplette Stück wiedergeben.

Es hilft jedem Spieler und jeder Gruppe, sich auch hin und wieder *neue* Fähigkeiten anzueignen. Sicherlich können wir im Improtheater manche Lücke durch mutiges Behaupten kaschieren. Und der Mut, dies zu tun, macht zu einem großen Teil auch den Charme des Improtheaters aus. Aber wie groß ist doch der Unterschied, wenn das Publikum jemanden sieht, der nicht nur so tut, als

---

[13] Unter „Gagging" verstehen wir das Opfern der Szene oder einer Figur zugunsten eines Gags. Siehe *„Improvisationstheater. Band 1: Die Grundlagen"*

könne er freestyle rappen, sondern es *wirklich* kann! Wenn jemand
das Zu-Boden-Fallen nicht nur andeutet, sondern wirklich gekonnt
auf die Bühnenbretter knallt. Wenn Gewalt-Szenen nicht nur sachte angedeutet werden, sondern kraftvoll und energetisch wirken.
Wenn ihr eine Gruppe seid, deren Spezialität die musikalische Improvisation ist, dann werdet ihr mit der Zeit sicherlich ein immer
sensibleres Miteinander ausprobieren. Wie fein kann man improvisierten mehrstimmigen Gesang miteinander verweben? Wenn euer
Spezialgebiet im Parodistischen liegt, werdet ihr gewiss nicht müde,
Dialekte, Tonfälle, Stimm-Imitationen und so weiter zu raffinieren.

Was immer euer Stil sein mag, wie immer eure Shows gestaltet
sind, geht in die Breite (Erweiterung der Fähigkeiten) *und* in die
Tiefe (Verfeinerung der Fähigkeiten).

3.2.3 Zusammenhalt der Gruppe

Proben und gemeinsame Trainings halten die Gruppe zusammen.
Dabei stellt sich das langsam ein Gefühl dafür ein, was man gemeinsam will und kann. Auf Proben ist die Toleranz für Ecken
und Kanten in der Regel größer als in Shows. Dadurch können die
Spieler auch viel eher ihr persönliches Potential strahlen lassen und
die Schwächen zulassen, ohne sie zu überspielen. In Proben findet
man auch am ehesten heraus, was für Games und Formate man als
Gruppe mag und auf welche individuellen Fähigkeiten man dabei
aufbauen kann.

Wenn sich die künstlerische Leitung zum Beispiel in den Kopf
gesetzt hat, dass man demnächst mal ein Musical-Format aufziehen
sollte, wird erst in den Proben klar, ob so etwas überhaupt machbar ist oder ob man sich nicht etwas anderes suchen sollte, wenn
zwei Spieler sich weder ausdauernd tänzerisch bewegen können
noch das Gehör für längere Gesangspartien haben.[14]

---

[14] Damit will ich nicht sagen, dass so etwas nicht gelernt und trainiert werden kann. Ich
habe Dutzende Schüler erlebt, die mit dem Mantra „Ich konnte noch nie singen"

Wenn Proben dauerhaft geschmeidig laufen, stellen sich auch ein gewisser Gruppen-Humor und eine gewisse Grund-Energie ein, die dazu führen, dass man sich geistig näherkommt. Man spürt dann schon, in welche Richtung der nächste Schritt der Probe geht. Manchmal entstehen in solch einer Atmosphäre ungeplant neue Formate. Oder es werden bestehende Formate für die Gruppe handhabbar gemacht. Oder die Gruppe entdeckt in einem Format ihre ganz spezielle Poesie.

Manche Gruppen strahlen ein so selbstverständliches Miteinander aus, eine Art Band-Intimität, ein Vertrauen, eine Art Geheimwissen, dass man als Zuschauer am liebsten Teil dieser Gruppe wäre. Diese Gruppen-Gemeinsamkeit entsteht in Proben, im Ausprobieren, im Training und im heiteren Miteinander-Sein. Hier wird jene Einigkeit geschmiedet, die für die Zuschauer wie blindes Vertrauen wirkt.

In den Proben findet die künstlerische Vision ihre Form. Sie ist dann nicht mehr nur ein schönes gedankliches Konzept, sondern erlebte Praxis. Man zieht an einem Strang.

Bei Proben geht es weniger darum, die Shows wasserfest zu machen, sondern darum, die Gemeinsamkeit zu stärken. Wenn dieses Gefühl der Gemeinsamkeit wächst und gedeiht, lässt sich auch das Scheitern auf der Bühne besser verdauen. Du weißt dann zum Beispiel, dass ich dein Angebot verpasst habe, weil es mir nicht gut ging, und nicht etwa, weil mir deine Angebote nichts wert wären. Selbst eine komplett gescheiterte Show lässt sich so besser bewältigen. Man weiß, dass man die gleiche Vision des Formats teilt, man weiß, dass es in den Proben funktioniert hat. Aber in der Show hat man vielleicht zu unaufmerksam, zu risikoarm oder zu risikoreich gespielt, es gab Missverständnisse oder unglücklich angelegte Charaktere. Man scheitert gemeinsam heiterer, wenn das gemeinsame Ziel klar ist.

Impro-Musik angefangen haben und dann großartige Impro-Sänger wurden. Man muss schon bereit sein zu lernen und sich zu verändern.

3.3 Probenanleitung

3.3.1 Mit künstlerischer Leitung

Das Anleiten von Proben gehört zu den herausragenden Arbeiten der künstlerischen Leitung. Sie muss die Gruppe zusammenschweißen, verschiedene Bedürfnisse erkennen und bündeln und eigene künstlerische Visionen der Gruppe schmackhaft machen und ausprobieren.

Die Probe mit künstlerischer Leitung ist meist einfacher als ohne, da im Prinzip klar ist, wer den Hut aufhat. Man verhakt sich nicht so leicht in Debatten, Unterdebatten und Unterunterdebatten. Tatsächlich aber muss die Person, die die künstlerische Leitung innehat, dafür sorgen, dass es genügend Raum gibt, Fragen zu stellen und sachlich und fachlich zu diskutieren. Ein Diktator wird mit seinen Ideen nicht allzu weit kommen. Die künstlerische Leitung muss ein Gespür dafür entwickeln, was die Gruppe braucht. Wie lange dauert der Small Talk vor der eigentlichen Probe? Ist ein Warm Up nötig? Wieviel Diskussion ist bei neuen Konzepten nötig? Wann mache ich eine Pause? Wieviel Platz lasse ich für Feedback?

Die Gruppe sollte der künstlerischen Leitung prinzipiell wohlwollend gegenüberstehen, sich für neue, ungewohnte Ideen und Konzepte öffnen und großzügig gegenüber Fehlern im Probenablauf zeigen, Feedback sachlich, höflich und möglichst konstruktiv formulieren und dankbar dafür sein, dass sich jemand die Arbeit des Probe-Vorbereitens und -Anleitens macht.

3.3.2 Ohne künstlerische Leitung

Wenden wir uns nun den Tausenden Impro-Gruppen ohne künstlerische Leitung zu, in denen die wichtigen Entscheidungen basisdemokratisch getroffen werden. Hat man sich hier nicht über ein paar Formalien der Proben-Struktur vorher geeinigt, gerät man schnell in arge Konflikte, die man hätte vermeiden könnte.

Ein typisches Szenario, in dem diese Konflikte entstehen, sieht ungefähr so aus: Die Gruppe hat sich gerade gefunden. Man trifft sich, um ein paar Games und Formate auszuprobieren. Alles läuft wunderbar. Ein erster Auftrittstermin ist gefunden. Und plötzlich entzündet sich an einer kleinen formalen Kritik eine ausufernde Debatte. Ein Teil der Gruppe will nun weiterproben, ein anderer Teil findet, dass das Problem ausdiskutiert werden muss, und zu allem Übel sind auch noch zwei Spieler beleidigt, weil sie der Meinung sind, dass sie zu Unrecht kritisiert wurden. Man geht mit ungutem Gefühl aus der Probe, vielleicht verlässt sogar ein Spieler die Gruppe. Wenn man dann überhaupt nicht mehr ohne Konflikte proben kann, ist das Schicksal der Gruppe bald besiegelt.

All diese Probleme lassen sich vermeiden.

- Es gibt einen **Verantwortlichen** für jede Probe.
  Am basisdemokratischen Prinzip wird damit noch nicht gerüttelt, da der Probenverantwortliche keine Entscheidungen über die Probe hinaus trifft. Es geht lediglich um die Probe selbst.

- Der Probenverantwortliche sollte eine **Vorstellung davon haben, was geprobt wird** und wie die Probe aufgebaut ist. Reine Ausprobierproben sind produktiv, wenn alle inspiriert sind, sich dem Flow hinzugeben und ins Blaue zu improvisieren. Aber eine *gezielte* Probe trainiert Fähigkeiten noch besser. Und wer diese Verantwortung übernimmt, sollte nicht unvorbereitet erscheinen. Gruppenmitglieder können im Laufe der Probe Vorschläge unterbreiten, ob man zum Beispiel ein bestimmtes Game oder eine Übung einschiebt oder etwas ausprobiert. Aber letztlich muss der Probenverantwortliche darüber entscheiden.

- Der Probenverantwortliche entscheidet über das **Maß an Diskussion.** Wieviel Zeit für Diskussion und wieviel Zeit fürs Spielen in einer Probe aufgewendet werden sollen, hängt einerseits davon ab, was man probt, andererseits ist es auch eine Geschmacksfrage. Der Probenverantwortliche sollte zumindest für Verständnis- und Grundsatzfragen einen gewissen zeitlichen Spielraum lassen. Aber er muss auch einschreiten, wenn sich Diskussionen verzetteln.

- Gruppe und Probenverantwortlicher begegnen einander mit **Respekt.**

Probenverantwortliche sind nicht unbedingt geschulte Theaterpädagogen. Sie sind eure Kollegen, die etwas ausprobieren. Also respektiert ihre Versuche und kritisiert nicht zu leichtfertig. Eine Probe anzuleiten, verlangt ein hohes Maß an Konzentration. Man muss sich darüber klar sein, wo man gerade zeitlich in der Probe steht, was man noch vorhat, wohin die Dynamik der Probe driftet, wie die Stimmung gerade ist, wie man mit Stagnationen umgeht, und außerdem ist man wahrscheinlich auch noch selber Mit-Probender.

Auch der Probenverantwortliche muss die Gruppe respektieren, die seinen Vorstellungen vielleicht nicht immer hundertprozentig folgen kann, die vielleicht Diskussionsbedarf hat, den er selbst nicht unbedingt sieht.

- Gebt dem Probenverantwortlichen anschließend ein **wohlwollendes Feedback.**

Hat die Probe für euch funktioniert? In welchen Situationen habt ihr euch wohl, in welchen Situationen habt ihr euch eher unwohl gefühlt?

- Ihr könnt die Probenverantwortung rotieren lassen oder nach dem Lust-und-Laune-Prinzip verteilen. Möglicherweise gibt es Spieler, die keine Zeit und Nerven haben, sich mit Vorbereitung und Anleitung zu beschäftigen. Vielleicht entsteht mit der Zeit durch permanentes Anleiten auch eine Art *informelle* künstlerische Leitung, deren Impulse über die Proben hinausgehen und auf die Shows und den Spirit abfärben.

3.3.3 Externe Trainer

Ehemalige Lehrer

Wenn sich eine Gruppe aus einem Workshop heraus emanzipiert und beschließt, selbständig zu werden, selbst zu proben und bald aufzutreten, kann es durchaus sinnvoll sein, sich hin und wieder frühere Lehrer einzuladen, besonders wenn ein gutes Vertrauen zu ihnen besteht. Der große Vorteil ist, dass eure ehemaligen Lehrer euren Entwicklungsweg, eure Stärken und Schwächen kennen. Sie erkennen eure Plateaus und ermutigen euch, voran zu gehen. Dieser Vorteil kann aber auch ein Nachteil werden. Das dauerhafte Verhältnis Schüler-Lehrer kann sich festfahren, beide Seiten können betriebsblind werden. Das kann so weit gehen, dass Schüler sich nur noch am Ideal des „Meisters" messen und den Absprung verpassen, weil sie glauben, nie gut genug zu werden. Umgekehrt sehen einige Lehrer ihre Schüler irgendwann nur noch in der Lern-Rolle und unterschätzen deren künstlerische Kompetenz.

Ehemalige Lehrer sollten ihre Schüler ermutigen, eigene Wege zu beschreiten und Risiken beim Planen und Durchführen von Shows einzugehen. Sie sollten außerdem ihren eigenen künstlerischen Geschmack nicht zu sehr in den Vordergrund stellen. Wenn ihr zum Beispiel Theatersport spielen möchtet und euer Lehrer rollt bei der Erwähnung dieses Formats schon mit den Augen, dann sucht euch zumindest vorübergehend einen anderen Trainer oder trainiert euch selbst und zieht den Ex-Lehrer allenfalls für spezielle thematische Proben heran.

Komplett externe Lehrer

Bei komplett externen Lehrern und Trainern kehren sich die Vor- und Nachteile der Ex-Lehrer um. Externe Trainer haben oft einen frischeren Blick auf das, was ihr macht. Sie sind weniger von Vorerfahrungen mit der Gruppe geprägt. Und sie bringen wahrscheinlich auch einen anderen Unterrichts- und Trainings-Stil in die Proben.

Ich rate dazu, immer wieder mal neue Trainer auszuprobieren, um der Gruppe neuen Schwung zu geben und um sich mit anderen Stilen und Sichtweisen auf Improtheater auseinanderzusetzen. Zieht externe Lehrer dann zu Rate,

- wenn ihr ein Plateau erreicht habt, d.h. wenn die Lernkurve abflacht und ihr nicht vorankommt. Oft vermutet man nämlich das Problem an der falschen Stelle.
- wenn ihr Anregungen zu einem neuen Thema braucht.
- wenn ihr Spezialtraining wünscht.
- wenn ihr mit dem internen gegenseitigen Coaching unzufrieden seid.

Nutzt die Gelegenheit, wenn Gäste aus anderen Städten oder aus dem Ausland in der Nähe sind. Auch wenn ihr Gruppen aus anderen Regionen für gemeinsame Auftritte einladet oder Gruppen anderswo besucht, könntet ihr auch Zeit zum gemeinsamen Training einplanen.

3.3.4 Coaching

Wie gut geht es doch der Gruppe, die regelmäßig auf einen guten Impro-Trainer zurückgreifen kann. Was aber macht einen guten Impro-Trainer aus?

Der Coach als Team- und Spielerberater

Sowohl als Spieler als auch als Gruppe entwickelt man mit der Zeit blinde Flecken. Man spielt Improtheater, wie man es für richtig hält, arbeitet bei Proben an der Vertiefung und Verfeinerung der Kunst und widmet sich den Problemen und Problemchen. Leider sind die Probleme, die die Gruppe oder die Spieler sehen oder glauben zu sehen, oft nicht die wahren Probleme. Zum Beispiel bitten mich immer wieder fortgeschrittene Gruppen, die festzustecken glauben, um ein Coaching zum Thema Storytelling. Fast jedes Mal ist nicht unbedingt Storytelling, sondern szenisches Spiel und

Hingabe das eigentliche Problem. Oder sie glauben, ihre Vielfalt der Charakter-Darstellung sei noch nicht vollständig. Dabei liegt ihre Schwierigkeit darin, dass sie sich im Laufe der Zeit wieder in ein subtiles Blockieren oder emotionales Einigeln verkrochen haben.

Der Coach bietet daher oft schon allein durch seinen frischen Blick und durch seine Erfahrung eine gute Ergänzung zur Spielpraxis und den eigenen Trainings.

Der Coach als Show-Berater

Der Wert eines Coaches zeigt sich vor allem auf lange Sicht. Wenn ihr das Gefühl habt, einen Trainer gefunden zu haben, der einigermaßen zu euch passt, dann gebt euch und ihm eine Chance, ein Vertrauensverhältnis aufzubauen, damit er euch langfristig begleiten kann.

Ein guter Coach setzt neue Impulse. Eine Gruppe, die seit Jahren ein Format bearbeitet, weil sie es endlich meistern will, braucht möglicherweise nur einen kleinen Tipp, um zur Lösung zu kommen. Vielleicht erkennt der Coach, dass das Format überhaupt nicht zum Temperament der Gruppe passt. Neigt die Gruppe zu ruhiger Improvisation, ist Theatersport vielleicht nicht die geeignete Form. Umgekehrt muss man, wenn man Hochgeschwindigkeits-Impro liebt, sich nicht an melodramatischen Langform-Genres verbeißen.

Einfühlsames Training

Ein guter Coach überfällt euch nicht mit seinen vorgefassten Ideen und Konzepten, sondern schaut sich erst mal an, wie ihr überhaupt tickt. Wie ist euer Humor? Wo liegen eure Stärken und Schwächen? Er wird mit euch die für euch passende Balance zwischen Ermutigung und Kritik finden. Er wird ein großes Maß an Hingabe zeigen (und die Probe nicht bloß als abzuhakenden Termin einstufen).

Erwartet nicht zu viel von einem Coach

Ein Coach kann euch nicht die harte Arbeit an euch selbst abnehmen. Impro-Gruppen sind keine Trivialmaschinen, die auf eine bestimmte Weise funktionieren, wenn man einen Hebel umlegt. Das heißt, die Gruppe muss *bereit sein, sich zu verändern* und zu lernen. Bloß weil man ein Training mit einem guten Coach gemacht hat, ist man noch nicht gleich ein guter Impro-Spieler oder eine gute Improgruppe.[15] Die Umsetzung liegt bei euch.

Ein Impro-Coach kann euch auch nicht den Supervisor ersetzen. Wenn ihr in der Gruppe ausgeprägte Spannungen untereinander habt, ist es nicht unbedingt der Coach, der diese lösen kann. Er kann allenfalls helfen, eine vertrauensvolle Atmosphäre in der Probe herzustellen. Bei Spannungen persönlicher Natur hilft eine Supervision eher als die Hoffnung, ein guter Coach würde alles heilen.

Klebt nicht am Coach

Ein Trainer ist kein Wunderheiler. Er kann euch zur Bühnenreife bringen, er kann euch Impulse geben, voranzukommen, er kann euch helfen, in Feinheiten und Tiefenschichten vorzustoßen, von denen ihr noch nicht einmal ahnet, dass es sie geben könnte. Aber es kann auch der paradoxe Effekt eintreten, dass ihr nicht vorankommt, weil ihr euch nicht aus der Schülerrolle löst. Selbst die genialsten Impro-Lehrer verfügen nur über begrenzte Fähigkeiten. Am Ende steht *ihr* auf der Bühne. *Ihr* braucht Selbstvertrauen und Kompetenz. Und diese erreicht ihr am besten, wenn ihr euch auch gegenseitig coacht. Das heißt, langfristig ist es sinnvoll, ein gutes Maß aus Selbst- und Fremdtraining zu finden.

---

[15] Ich muss manchmal lächeln, wenn ich in den Selbstdarstellungen von Impro-Spielern und -Gruppen eine Aufzählung der Lehrer lese. So als gliche ein Wochenende mit Keith Johnstone einer magischen Berührung durch einen Heiligen und damit wären alle Fragen geklärt.

Der Gewohnheitendurcheinanderbringer

Die meisten Gruppen suchen sich einen Coach, wenn sie das Gefühl haben, nicht voranzukommen. Er soll der *Problemlöser* sein. Um die Probleme einer Improgruppe lösen zu können, genügen aber in der Regel nicht zwei, drei Stunden Probe. Man braucht eine gewisse Ausdauer. Und dabei kann es auch liebgewordenen Gewohnheiten an den Kragen gehen.

Eine Gruppe, die mich bat, sie zu trainieren, bevorzugte es (vermutlich aus Kostengründen), sich vor dem „eigentlichen" Training selbst aufzuwärmen. Ich kam immer ein bisschen früher und hatte so die Gelegenheit, dieses Aufwärmen zu beobachten. Die Gruppe baute innerhalb weniger Minuten ein ungeheures Tempo und eine Wahnsinns-Energie auf, aber es gab keinerlei Games für gegenseitiges Wahrnehmen, Zuhören und Fokus, was dann zu zerfaserten, unkonzentrierten Szenen führte. Als ich ihnen meine Beobachtung mitteilte, und anregte, auch ruhigere Warm Ups einzubauen, sträubten sich einige Spieler dagegen. Sie bräuchten dieses Tempo, sonst kämen sie nicht in den Flow des Spiels.

„Aber seid ihr überhaupt im Flow des Spiels?"

„Wie meinst du das?"

„Ihr spielt für euch einzeln und setzt ungeheure Energien frei, aber diese Energien verpuffen, weil sie nicht miteinander verbunden sind."

„Aber bei diesen langsamen Aufwärm-Übungen schlafen wir ein."

„Probiert beides."

„Das können wir nicht."

„Du meinst, das *wollt* ihr nicht?"

„Ja."

„Probiert es trotzdem."

Nach diesem Coaching gab es eine intensive Diskussion in
der Gruppe. Drei Wochen später hatten sie ruhigere Elemente ins Aufwärmen eingebaut, was sich auf ihr szenisches
Spiel enorm positiv auswirkte.

Wenn euer Coach unbequem ist, kann das ein gutes Zeichen sein,
denn unter Umständen fordert er euch heraus, eure Gewohnheiten
und Bequemlichkeiten hinter euch zu lassen. Und das fühlt sich
eben manchmal seltsam an.

Geniale Spieler als Impro-Trainer

Haltet die Augen offen, wenn erfahrene Impro-Spieler in eure Ge-
gend kommen. Das Wissen dieser Spieler, die sich Fähigkeiten
angeeignet haben, die euch begeistern, solltet ihr anzapfen, und die
meisten bekannten Impro-Spieler sind auch bereit, Workshops zu
geben. Löchert sie mit Fragen, kitzelt ihr Wissen heraus.

Warnhinweis: Gute Impro-Spieler sind nicht unbedingt gute
Impro-Lehrer. Das hat zwei Gründe. Erstens, die meisten Impro-
Lehrer rutschen in das Unterrichten mehr oder weniger hinein.
Viele haben eher vage Vorstellungen von Didaktik und Methodik,
und kaum einer hat eine theaterpädagogische Ausbildung genos-
sen. Das ist im Prinzip auch nicht weiter schlimm. Improtheater
hat sich als Sub-Genre des Theaters per Schneeballprinzip weiter-
verbreitet. Große Lehrer wie Keith Johnstone, Viola Spolin und
Del Close haben das Genre so sehr geprägt, dass einige ihrer
Übungen inzwischen für sich stehen bzw. ihr Spirit über Schüler
und Schülerschüler weitergereicht wird. Im ungünstigen Fall aber
versucht der Lehrer seine eigene Herangehensweise den Schülern
nahzubringen, ohne sich in die Schüler hineinversetzen zu können.
Einige hetzen ohne jedes Feedback von einer Übung zur nächsten.
Andere ballern die Schüler dermaßen mit Feedback zu, dass diese
am Ende jegliche Orientierung verlieren. Sie unterbrechen Szenen
nach jedem zweiten Satz und halten das für Sidecoaching.

Und damit kommen wir zum zweiten Grund: Geniale Spieler
können die Prinzipien, die ihrer Genialität zu Grunde liegen, oft

selbst nicht richtig beschreiben oder gar verstehen. Die Autobiographien vieler Künstler weisen oft diese Leerstellen auf.

Vor einer Weile wurde ein befreundeter Kollege von einer Impro-Gruppe darum gebeten, einen Workshop zum Thema „Pantomime im Improtheater" zu geben. Er reagierte auf diese Anfrage fast panisch, und ich ahnte warum: Sein eigenes mimisches Genie rührt aus einem tieferliegenden Talent, aus einer Fähigkeit der Beobachtung und des Im-Moment-Seins, Dinge, über die er sich nie Gedanken gemacht hatte. Man unterrichtet oft das am besten, was man sich selber hart erarbeiten musste, denn hier kennt man Lern-Hindernisse, die psychologischen Barrieren, die didaktischen Tricks usw. Dieser Warnhinweis sollte euch nicht davon abhalten, Promi-Impro-Lehrer einzuladen. Im Gegenteil – nehmt so viel Wissen wie möglich von ihnen mit. Aber haltet eure Erwartungen an ihre didaktischen Fähigkeiten niedrig.[16]

Impro-fremde Trainer

Ladet impro-fremde Trainer ein, insbesondere, was die Nebenkünste und Spezialfähigkeiten betrifft. Dazu zähle ich unter anderem:

- Gesang und Rap
- Bühnenkampf
- Pantomime
- Tanz und Bewegung
- Stand Up Comedy
- kreatives Schreiben

Wenn diese Trainer nicht viel von Improtheater wissen, ist das kein Problem. Entscheidend ist, dass ihr in der Lage seid, die für eure Auftritte wichtigen Fähigkeiten aus dem Unterricht herauszu-

---

[16] Umgekehrt sind gute Lehrer nicht notwendigerweise die besten Spieler. Sie sind gut, aber manchmal fehlt ihnen, aus welchen Gründen auch immer, das letzte Quentchen Performer-Genialität. Der berühmte Keith Johnstone zum Beispiel hat sich stets geweigert, selber aufzutreten.

destillieren. Diesen notwendigen Schritt müsst ihr für euch in einer separaten Probe gehen. Dem Spezialtrainer diese Integrations-Aufgabe zuzumuten, ist eher kontraproduktiv. Schließlich seid ihr die Impro-Spezialisten. Ihr kennt eure Shows und eure Formate und wisst, wie ihr das Spezialwissen und die Spezialfähigkeiten integrieren wollt. Wenn ihr euch zum Beispiel einen klassischen Pantomimen einladet, ist es zwar wichtig, dass ihr euch im Training voll auf seinen Stil einlasst, aber im zweiten Schritt entscheiden, wie weit ihr die möglicherweise klassisch-clowneske Pantomime an eure Improtheater-Bedürfnisse anpasst.

Kosten für einen Impro-Coach

Die Kosten für Impro-Trainer variieren enorm und der Preis sagt nicht immer etwas über die Qualität. Ich habe gute Trainer erlebt, die mit einem Stundensatz von 30,- Euro für die gesamte Gruppe zufrieden waren. Bei anderen, die 150,- pro Stunde verlangten, hätten wir das Geld auch für unsere Weihnachtsfeier einsetzen können. Daher ist die Frage eher: Was ist der Coach *euch* wert und was könnt ihr euch leisten?

Wenn ihr einen Trainer, den ihr vielleicht nur von der Bühne, nicht aber als Trainer richtig kennt, für längere Zeit engagieren wollt, könnt ihr mit ihm Probestunden vereinbaren.

3.4 Häufigkeit der Proben

„Wir proben momentan viel zu selten."

Ich weiß nicht, wie oft und von wie vielen Spielern ich diesen Satz in den letzten Jahren gehört habe. Gerade Viel-Spieler spüren oft die Diskrepanz zwischen Auftreten und mangelndem Proben. Die Haltung vieler Impro-Gruppen zum Thema Proben verläuft pha-senweise.

1. Die Gruppe findet sich und man probt wie verrückt Techniken, Games, Formate.
2. Die Gruppe beschließt, regelmäßig aufzutreten. Dadurch, dass es nun einen zusätzlichen regelmäßigen Impro-Termin gibt, reduziert sich die Bereitschaft zum Proben.
3. Die Shows werden häufiger, und Proben werden nur noch vereinzelt wahrgenommen. Die Gruppe stagniert.

Amateure begründen ihre seltene Teilnahme an Proben oft damit, dass sie zwischen ihrer Arbeit, ihrer Familie und dem zeitintensiven Hobby „auch noch in die Proben" Zeit zu investieren. Bei Profis, die ihr Geld mit Improtheater verdienen, ist es im Grunde dasselbe, da nun Improtheater zum Haupt-Job geworden ist. Im Gegensatz zu Shows, Workshops und Coachings werfen Proben kein Geld ab. Dazu kommen aber bei professionellen und semiprofessionellen Gruppen auch nicht selten ein gewisser Hochmut und der Glaube, die Impro-Fähigkeiten ja im Prinzip zu beherrschen. Proben seien allenfalls für neue Formate nötig. Aber das Proben hat für Schauspieler denselben Stellenwert wie für Handwerker die Pflege des Werkzeugs. Langfristig zeigt sich, dass man ohne das Proben nicht mehr professionell agieren kann.

Noch einmal – Shows können keine Proben ersetzen! Die Proben sind wichtiger Kitt für eure Gruppe und für eure Kunst. Ohne sie wird Impro zum Abarbeiten. Früher oder später gerät man in eingefahrene Muster und Klischees. Proben halten die Gruppe frisch und dynamisch.

Wie oft man letztlich tatsächlich probt, kann hier natürlich nicht vorgeschrieben werden. Abhängig von den konkreten Umständen sollte eine Gruppe 20-50 Proben im Jahr anstreben.

Eine Anfängergruppe wird zu Beginn besonders häufig proben. Dasselbe gilt aber auch für Gruppen, die zwar aus erfahrenen Spielern bestehen, sich aber neu zusammengefunden haben. Man muss erst mal eine Weile miteinander spielen, um zu sehen, wie man tickt, wie man einander wahrnimmt. Man muss viel ausprobieren, verwerfen und einen gemeinsamen Groove finden.

Bei routinierten Gruppen ist diese Intensität nicht immer nötig. Über gewisse Zeiträume reicht es manchmal aus, die Freiheit der Probe zu nutzen, um einfach über die Stränge zu schlagen, miteinander die Freude des Jammens erfahren. Aber dann ist auch wieder Fokus, Genauigkeit und Sensibilität gefragt. Die Erfahrung der gemeinsamen Freude hilft uns, den Weg des Neuen gemeinsam zu beschreiten, die Stärken aneinander zu schätzen und mit den Schwächen großzügig umzugehen.

3.5 Ablauf der Proben

Proben lassen sich nicht standardisieren. Schließlich kann es nicht für jede Gruppe, jedes Thema und jede tagesaktuelle Situation den immergleichen Ablauf geben. Aber ich habe Proben erlebt, die so ungünstig strukturiert waren, dass das Scheitern praktisch vorprogrammiert war. Das Aufwärmen etwa ist auch vom Thema der Probe abhängig. Eine Probe, in der es um das Thema *wahre Monologe* geht, bereitet man anders vor als zum Beispiel ein Tanz-und-Bewegungs-Training.

Tut das, was euch als Gruppe gut tut. Damit meine ich nicht kuschelweiches Einerlei. Proben sollen geistig und körperlich fordern. Wenn ihr zum Beispiel ein bestimmtes kleines Anfangsritual praktiziert, das allen gute Laune bereitet und euch als Gruppe zusammenbringt, gibt es keinen Grund, davon zu lassen, egal ob es theoretisch „passt" oder nicht.

3.5.1 Probenraum

Ich weiß, dass gute Probenräume rar und bisweilen auch recht teuer sind. Aber ich habe genügend Gruppen erlebt, die sich ihre Proben durch entsetzliche Räume verdorben haben.

- Habt angenehmes Licht. Alte Neonröhren, wie sie in vielen Büros und öffentlichen Gebäuden (zum Beispiel Schulen) hängen, verderben jegliche Atmosphäre. Wenn ihr dimmbare Scheinwerfer auftreiben könnt, ist das ideal, da ihr so auch eine Bühnensituation imitieren könnt, falls ihr nicht ohnehin in einem Theater probt.

- Falls ihr in Privatwohnungen oder büroähnlichen Einrichtungen probt, sorgt für Blickfreiheit. Verdeckt Computermöbel und ablenkende Gegenstände, möglicherweise mit einer Spanischen Wand, deren Anschaffung sich lohnt, falls ihr dort häufiger proben wollt.

- Man muss sich genügend bewegen können und auch mal schreien dürfen.

Wenn ihr auf der Suche nach Probenräumen seid, denkt unkonventionell, statt nur „Theater" im Kopf zu haben. Die von mir beschriebenen Kriterien werden von Yoga- und Tanzstudios oft sehr gut erfüllt. Aber auch Kirchengemeinden, Familienzentren und Kulturhäuser vermieten manchmal Räumlichkeiten.

3.5.2 Probenbeginn

Probenzeiten

Seid bei der Probe wach!

Das heißt auch, sich die Probenzeiten so zu legen, dass ihr die Gelegenheit habt, ausgeruht zu erscheinen. In gemischten Gruppen kann das zu Konflikten führen. Trifft man sich abends? Dann sind jene, die tagsüber einem Job nachgehen, oft nicht mehr aufnahme- und hingabefähig. Wochenenden gelten manchen als heilig oder man will ausschlafen. Es läuft fast immer darauf hinaus, Kompromisse zu schließen, was auch bedeuten kann, dass man sich am Abend vielleicht etwas mehr Zeit nimmt, um sich einzugrooven, damit der Tagesstress abfällt. Party-Hopper sollten sich wiederum disziplinieren, wenn sie wissen, dass es am nächsten Tag eine Probe gibt, bei der ein Kater eher kontraproduktiv wirkt.

Vor der Probe

Beginnt respektvoll. Schafft euch eine angenehme Atmosphäre. Macht euch den hässlichen Raum schön. Und vernachlässigt nicht den schönen Raum. Lasst eure Jacken nicht herumliegen und breitet euer Essen nicht aus. Stellt eure Getränke so ab, dass sie nicht umgerissen werden können. Sorgt für Sauberkeit.

Unter Umständen lohnt es sich, sich umzuziehen. Flip-Flops, hochhackige oder schmutzige Schuhe sind von Übel. Falls du mit dem Fahrrad verschwitzt ankommst, ist eine zusätzliche Waschung eine Geste der Höflichkeit.

Sei pünktlich. „Ich bin nun mal immer unpünktlich", ist ein Glaubenssatz, in dem es sich schön gemütlich einrichten lässt, und zwar auf Kosten der Mitspieler. Wenn du dazu tendierst, unpünktlich zu sein, komme eine Viertelstunde zu früh, und zwar immer.

Wenn du trotzdem zu spät kommen solltest, dann benachrichtige deine Mitspieler oder die Trainer.

Sei ausgeschlafen. Deine Wachheit und Bereitschaft ist auch eine Form des Respekts gegenüber deinen Mitspielern, vor allem jenen, die die Probe anleiten.

Komm nicht hungrig zur Probe, sonst nutzt du weder dir noch deinen Mitspielern.

Wenn du aus irgendeinem Grund trotzdem müde und hungrig bist, dann komm trotzdem und mach kein großes Aufheben darum. Sich mit den Worten „Sorry, ich bin heute total kaputt" in den nächsten Sessel plumpsen zu lassen, wirkt kaum belebend für die Proben-Atmosphäre. Falls du wegen körperlicher Beschwerden nur an Teilen der Probe teilnehmen möchtest,[17] dann sag das ruhig und undramatisch.

---

[17] Ich denke, dass man sich am Abend vor einer Probe nicht betrinken sollte. Wenn man aber aus irgendeinem Grund trotzdem Kopfschmerzen oder andere Beschwerden hat, die es einem nicht erlauben, auf der Bühne herumzuhopsen, finde ich es ehrenwert, wenn man an der Probe dennoch teilnimmt, vor allem wenn es um neue Konzepte, Formate oder Genres geht, die eher intellektuelle als körperliche Präsenz erfordern.

Sollte dir nicht nach Proben zumute sein, mach's trotzdem. Der Appetit kommt beim Essen, die Freude kommt beim Tun. Wenn du genügend Engagement zeigst, wird es dir bald Spaß machen.

Geplauder ist die Wagenschmiere der Gruppe. „Wie geht's, wie steht's?" Beachtet aber folgende Regeln:

- Lästert nicht! Nicht über abwesende Spieler. Nicht über Kollegen. Nicht übers Publikum. Nicht über Freund oder Feind. Lästert *überhaupt* nicht!
- Reduziert generell das Negative im Small Talk. Politik verdirbt die Stimmung. Ebenso das Thema Krankheit. Übt euch auch schon hier in Heiterkeit und Großzügigkeit. Das bedeutet nicht, dass man nicht auch von den kleinen Sorgen des Alltags berichten kann, aber haltet eine heitere Distanz. Wenn es wirklich Schlimmes zu berichten gibt (Krankheit, Tod, Jobverlust usw.), was die Probe negativ beeinflussen könnte, dann spart es euch für nach der Probe auf.
- Zieht das Geplauder nicht in die Probe hinein. Jegliches hat seine Zeit.

Vorgespräch

Es ist sinnvoll, die Probe mit einem kurzen Gespräch zu beginnen. In diesem Gespräch sollte der Proben-Leiter kurz den Inhalt und die Ziele der Probe umreißen. Was ist unser heutiger Fokus? Geht es um Impro-Techniken, ein neues Format, Erzähltechniken oder anderes? Auch wenn das Thema bereits allen bekannt ist, lohnt es sich, es zu wiederholen und eventuell ein wenig auszuführen, damit sich alle Teilnehmer darauf einstellen können.

Die Teilnehmer sollten hier kurz Gelegenheit haben, Anmerkungen oder Fragen zu äußern. Diese Runde sollte aber kurz bleiben, um nicht die Probe von vornherein zu zerreden. Im Notfall entscheidet die Proben-Leitung, ob weiter diskutiert wird oder man zum praktischen Teil übergeht.

Ich rate davon ab, vor den Proben gruppeninterne Organisationsfragen zu diskutieren. Diskussionen dieser Art neigen dazu, sich in die Länge zu ziehen. Lasst es nicht zu, dass sie eure Proben zerstören. Am besten, ihr vereinbart für diese Diskussionen gesonderte Termine. Im Notfall können kleinere dringende Dinge *nach* der Probe besprochen werden.

Show-Rückmeldung („Feedback")

Rückmeldungen zur Show in die Probe zu verlegen hat Vor- und Nachteile.[18] Wenn die Show während der Probe (die bestenfalls einen Tag später stattfindet) ausgewertet wird, ist die Erinnerung der Spieler ziemlich verblasst. Übrig bleiben meist einzelne Inhalte und emotional (positiv oder negativ) aufwühlende Momente. Die Rückmeldung des künstlerischen Leiters oder die gegenseitigen Rückmeldungen können also psychisch schlechter rückgekoppelt werden, wenn es Momente oder Szenen betrifft, an die man nur noch vage Erinnerungen hat.

Trotzdem kann die Rückmeldung vor der Probe sinnvoll sein, besonders dann, wenn man an einem Thema, zum Beispiel einem Format arbeitet, das man derzeit immer wieder probt und spielt. So kann man direkt in den Proben die Fortschritte und Fallstricke bestimmter Formate beobachten und angehen, etwa die Übergänge in einem Harold.

3.5.3 Aufwärmen

Es lässt sich lange und ausgiebig darüber diskutieren, ob das Aufwärmen nötig ist. Einige Gruppen (darunter einige hervorragende) verzichten völlig darauf.

Ich sehe es so: Ein Aufwärmen um seiner selbst willen oder weil man irgendeine Regel befolgen will, ist überflüssig, besonders wenn man permanent im Impro-Modus ist. Ein körperliches Auf-

---

[18] Ausführlich dazu: *„Improvisationstheater. Band 9: Impro-Shows"*

wärmen kann sich erübrigen, wenn alle Teilnehmer sich gerade sportlich verausgabt haben. Dasselbe gilt für Singen, Sprechen, Herumalbern.

Aber gehen wir doch mal einen Schritt zurück. Wozu brauchen wir *überhaupt* das Aufwärmen?

Körperliches und stimmliches Aufwärmen

Der Körper (und ich zähle die Stimme dazu) ist unser Instrument. Die meisten von uns verbringen den Großteil des Tages am Schreibtisch, wenige nur kommen zu Fuß zur Probe. Um das volle Potential unseres Körpers auszunutzen empfehlen sich Dehn- und Bewegungsübungen, die uns die Möglichkeiten des Körpers spüren lassen. Leichte Gesangs-Übungen, die uns die Resonanzräume empfinden lassen, verhindern, dass wir durch das laute Sprechen Halsschmerzen bekommen.

Im Moment sein

Auch wenn wir Improvisierer gern von uns glauben, mit einer achtsameren Geisteshaltung durch die Welt zu schreiten, ist es doch so: Der Alltag reißt auch uns, die ach so achtsamen Impro-Spieler, allzu oft aus dem Moment heraus. Unsere Gedanken schweifen ab, wir erledigen Dinge nebenbei oder simultan. Alltägliche Achtsamkeit ist keine Fähigkeit, die man wie Fahrradfahren einmal lernt und dann für immer beherrscht. Sie muss täglich geübt und praktiziert werden. Ein viel zu selten genutztes Mittel ist hier die kollektive Meditation. Eine kleine, einfache Atemmeditation, die nicht länger als drei Minuten dauern muss, genügt oft schon, um die die galoppierenden Gedanken im Kopf zu beruhigen und uns zu unserem Atem und unserem Körper zu führen.

Von der Atem- können wir zur Geh-Meditation übergehen, die viele von uns als „ruhige Raumlauf-Übung" kennen. Dabei geht es weniger um Interaktion, Reaktionsfähigkeit oder Schauspiel, sondern um die Wahrnehmung *unseres Körpers in diesem Raum*, das heißt, wir erweitern die Meditation auf die Bewegung.

Von dort aus können wir übergehen zu Übungen, die uns in die wertungsfreie Wahrnehmung unseres Partners führen: „Nicken und Gehen", Rücken an Rücken gemeinsam eine Phantasie-Welt bauen und so weiter.

Paradoxerweise sind diese Übungen oft gerade dann angebracht, wenn man glaubt, keine Zeit fürs Aufwärmen zu haben, da man die wertvolle Zeit fürs „eigentliche Proben" brauche. Denn das hektische Durchpeitschen der Probe führt zu Schusseligkeit, Missverständnissen und Frust. Klarheit und Heiterkeit des Geistes führt zu Nachhaltigkeit und Freude.

Spiel und Spaß

Das Spiel-und-Spaß-Aufwärmen hilft uns, die Last, „gut sein" zu wollen, abzuschütteln und in einen heiter-spielerischen Modus zu kommen. Alles, was euch zum Lachen bringt, was euch heiter scheitern lässt, was euch körperlich werden lässt, ist hier angebracht. Alberne Gänge, Tier-Charaktere, einfache Klatsch-Übungen, unmögliche Fange-Spiele.

Dieser Teil des Aufwärmens ist auf jeden Fall angebracht, wenn die Stimmung vorher aus irgendeinem Grunde getrübt ist, etwa weil es Missstimmungen oder verhärtete Diskussionen gegeben hat. Eine Runde „Peng!" oder „Big Booty"[19] spielen bewirkt da oft wahre Wunder.

Das Spiel-und-Spaß-Aufwärmen schleift unser Ego ab. Es bringt uns auf den Boden zurück: Improtheater ist eine heitere Angelegenheit, die mit Scheitern verbunden ist. Wir finden nicht nur persönlich in den Spielmodus, sondern auch als Gruppe in einen gemeinsamen Rhythmus, einen gemeinsamen Sinn für Humor.

Diesen Part kann man unter Umständen überspringen, wenn die Stimmung der Spieler sowieso heiter ist, wenn sie schon vor

---

[19] Zwei heitere Energie-Spiele. „Peng!" für zwei Spieler. „Big Booty" für Gruppen ab fünf Spielern. Siehe *„Improvisationstheater. Band 12: Spiele und Formate für Shows, Proben und Workshops"*

der Probe miteinander witzeln und im quasi-spielerischen Modus miteinander umgehen.

Impro-Aufwärmen

Was immer gut tut, sind kleine Impro-Aufwärm-Spiele, die sich auf die spezifischen Improvisations-Fähigkeiten Zuhören, Akzeptieren, Assoziieren und Reagieren beziehen.

Man kann sich diese Fähigkeiten auch als Muskeln vorstellen, die zu Beginn unseres Impro-Lernens ausgebildet werden, aber immer wieder neue Anreize brauchen und vor ihrem Gebrauch aufgewärmt werden müssen.

Gute Aufwärm-Spiele sind niedrigschwellig. Das heißt:

- Sie fokussieren auf einen einfachen Aspekt, statt mehrere Fähigkeiten gleichzeitig herauszufordern.
- Sie beginnen leicht und steigern (wenn überhaupt) ihr Anforderungsniveau langsam.
- Sie lassen uns heiter scheitern.

3.5.4 Vorübungen

Vorübungen stehen zwischen dem Aufwärmen und dem Hauptteil der Proben. Das sind nicht immer glasklar voneinander zu trennende Kategorien: Vorübungen können durchaus einen Aufwärm-Effekt haben. Gute Aufführungs-Games wiederum sind meistens auch gute Übungen.

Nehmen wir zum Beispiel an, es geht bei der Probe darum, dass unsere Gruppe einige Games, darunter die technisch relativ anspruchsvolle „Dreier-Synchronisation"[20] soweit trainieren soll, dass sie passabel aufführbar werden.

---

[20] In diesem Game, das von drei Spielern aufgeführt wird, synchronisieren die Spieler einander parallel zum eigenen Schauspiel: Spieler A synchronisiert B, B synchronisiert C, C synchronisiert A. Es erfordert hohe Aufmerksamkeit, Transparenz, eine durchgehend heitere Grundhaltung und klaren Fokus.

Aufwärmen

- Gesichts- und Körperlockerungen
- Stimme-Aufwärmen
- Klatsch-Spiele und „Big Booty" für Energie und gute Laune
- Assoziieren
- Achtsamkeits-Aufwärmen, um den Fokus herzustellen

Übungen

- puppentheatermäßiges Nach-vorn-Sprechen.
- Synchronisations-Übungen mit Fokus auf gemeinsames Atmen.

Games

- 2x2-Synchronisation als einfacheres Game. (Zwei Spieler spielen eine einfache Szene und werden von zwei anderen Spielern synchronisiert.) Dabei liegt der Fokus der Sprecher auf ein nachvollziehbares Tempo und geschmeidiges, emotionales Sprechen, so dass die Pantomime-Partner das Sprechen nachvollziehen können. Für die Pantomimen liegt der Doppelfokus im Lippenbewegen plus emotional-physischen Agieren.
- Dreier-Synchronisation in mehreren Szenen trainieren.

Und wenn die Dreier-Synchronisation in unser Repertoire aufgenommen ist, eignet sie sich selbst wieder als Impro-Übung. Angebote zu blockieren ist in diesem Spiel kaum möglich.

Während in dem oben gezeigten Beispiel also die Vorübungen rein technischer Natur waren (nach vorn sprechen, gemeinsame Synchronisation), kann man das Dreier-Synchronisations-Spiel, sobald wir es einigermaßen technisch beherrschen, selber als Aufwärm- und Vor-Übungs-Spiel einsetzen.

Mehr noch als beim Aufwärmen richtet sich die Art der Vorübungen sehr nach dem Thema der Probe. Wenn unser Thema zum Beispiel filmisches Storytelling ist, dann liegt es nahe, mit kleinen Storys zu beginnen, zum Beispiel Drei-Satz-Geschichten, Fünf-Satz-Geschichten, Pixar-Schema usw.[21]

Geht es bei der Probe aber eher um technische Aspekte, wie zum Beispiel Pantomime oder Charakter-Darstellung, dann wären Vorübungen angebracht, die stärker das schauspielerische Empfinden trainieren, die körperliche und räumliche Wahrnehmung, die Stimme usw.

Will man ein Genre oder einen Stil trainieren oder sich erarbeiten, empfehlen sich kurze Schreib-Übungen oder man improvisiert typische Monologe oder Mini-Szenen.

3.5.5   Thematisch arbeiten – Der Hauptteil der Probe

Wisse, was du trainierst!

Bisweilen kann man in einigen Gruppen einen gewissen Proben-Eklektizismus beobachten: Jeder bringt ein Game, eine Übung, ein Thema mit, und alles wird zu einer Probe verrührt. Das kann man zwar ab und zu machen, aber auf Dauer ist es wenig produktiv. Man bleibt mehr oder weniger an der Oberfläche. Die Themen diffundieren.[22] Wenn sich wirklich Spieler und Gruppe dauerhaft und nachhaltig entwickeln möchten, sind thematisch fokussierte Proben ratsam. Das bedeutet nicht, dass man sich jedes Mal etwas komplett Neues aus der Trickkiste holen muss. Training von bereits Gelerntem ist ebenso wichtig, bedarf aber genauso sehr des intensiven Fokus.

---

[21] Siehe: *Improvisationstheater. Band 5. Impro-Storys.*

[22] Um eine Analogie aus dem Sport anzubringen: Es ist zwar gut, wenn man am Tag zehn Minuten joggt, fünf Minuten Yoga macht, dreißig Liegestütze absolviert, zehn Minuten schwimmt und zwanzig Kniebeuge ausführt. Man bleibt so sicherlich einigermaßen fit. Aber man trainiert auf diese Weise weder die Fähigkeit, an einem Halbmarathon teilzunehmen, noch baut man Muskelmasse auf, noch erhöht man signifikant seine Gelenkigkeit oder die Fähigkeit, längere Strecken zu schwimmen. Aber jedes einzelne Feature wäre bei gleichem zeitlichen Aufwand trainierbar, wenn man den Mix aufhebt und stattdessen gezielter trainiert.

Schauspiel-Training

Das Schauspiel-Training gehört zu den wichtigsten technischen Trainings-Einheiten, die nach meiner Beobachtung in Proben von fortgeschrittenen Gruppen mit der Zeit leider immer mehr vernachlässigt werden, da sich die meisten Spieler dann doch eher für neue Games und Formate interessieren. Aber wir dürfen die Kernkunst unserer Improvisation nicht vernachlässigen, da unser Spiel sonst aufgesetzt, klischeehaft oder stumpf wird.

Impro-Spieler müssen Vielfalt trainieren. Du musst den dicken alternden Polizisten ebenso darstellen können wie die verschüchterte achtjährige Oboistin. Vielfalt ist aber nicht alles. Die Kehrseite ist die Feinheit der Darstellung, denn erst, wenn es uns gelingt, übers Klischee hinauszuwachsen, werden wir gereifte Schauspieler sein. Im Laufe unserer Impro-Karriere werden wir immer wieder in lieb gewordene Figuren schlüpfen, für die wir Spezialisten werden, die aber auch irgendwann zum Klischee gerinnen und die für uns zur Fessel werden, so dass wir unbewusst andersartige Figuren meiden oder gar von unseren Mitspielern auf einen Typus festgelegt werden.

Zum Schauspiel gehören aber nicht nur Figuren, sondern auch die körperliche und stimmliche Präsenz auf der Bühne, die Fähigkeit, in verschiedene Emotionen zu tauchen und dennoch als Figur erkennbar zu bleiben, Hoch- und Tiefstatus zu spielen und zu erkennen, Monologe zu halten und pantomimisch präzise zu arbeiten.

Die wichtigsten Elemente des Schauspieltrainings sind für uns:

- Körperlichkeit
- Stimmtraining
- Pantomime
- Status
- Emotionalität
- Charaktere und Figuren

Da das reine Schauspieltraining (vielleicht mit Ausnahme des Themas *Status*) oft eine etwas einsame Angelegenheit ist, sollten sich die Spieler in den Proben gegenseitig unterstützen, die Fortschritte loben und einander ermutigen. Fügt in die Probe genügend Zweier- und Gruppen-Übungen ein,[23] um die Gemeinsamkeit des Probenerlebnisses zu stärken.

Improvisations-Techniken

Zu den wichtigsten Improvisations-Techniken, die man, egal auf welcher Stufe man steht, wieder und wieder üben muss, gehören aus meiner Sicht:

- Achtsamkeit
- Zuhören
- Akzeptieren
- Engagement
- Spielfreude
- Kontrolle abgeben

Man unterschätze diese Grundlagen nicht. Auch professionelle Instrumentalisten praktizieren immer wieder ihre Tonleitern, Basketballspieler üben Korbwürfe, und selbst die erfahrensten buddhistischen Mönche widmen sich immer wieder den einfachen Meditations-Übungen.

Die grundlegenden Techniken „lernt" man nicht einfach, um sie dann zu beherrschen. (Auch wenn sich das nach einem Anfänger-Kurs so anfühlen mag.) Man trainiert sie wie Muskelgruppen immer und immer wieder. Und dafür genügt es nicht, Shows zu spielen, in denen man die Grundlagen berücksichtigt. Natürlich übt ein Anfänger-Violinist seine Tonleitern anders als ein erfahrener Musiker. Der *Fokus* ist ein anderer. Dem Anfänger wird es darum gehen, die Unterschiede zwischen *legato* und *non-legato* zu üben oder

---

[23] Siehe *„Improvisationstheater. Band 12: Spiele und Formate für Shows, Proben und Workshops"*.

überhaupt nur leidlich schön klingende Töne zu erzeugen, während es dem Profi um Feinheiten der Artikulation, der Emotionalität, der Dynamik und des Gesamteindrucks geht.

Ein Improtheater-Anfänger wird sich zum Beispiel immer wieder darin trainieren müssen, nicht die Szene zu kontrollieren. Ein fortgeschrittener Spieler übt vielleicht, die Balance zwischen Engagement in der Szene einerseits und Kontrolle abgeben andererseits. Und ein sehr erfahrener Spieler wird beim Üben dieser Balance noch versuchen, möglichst viele Kanäle des Unterbewussten anzuzapfen.

Szenen

Das Training freier Szenen bildet in der Regel den Hauptanteil der Proben. Und gerade hier ist es wichtig, dass wir wissen, *was* genau wir proben. Sonst stehen wir vor halbgaren Szenen, die uns so mittelmäßig gefallen haben, die gut begannen, sich langweilig entwickelten, noch einigermaßen gerettet wurden, ihre komischen Momente aber auch langwierigen Passagen hatten und am Ende austrudelten. Wenn dann noch die Gruppe die Szene zerredet, setzen sich die Spieler frustriert und ein Hauch Negativität bleibt in der Luft hängen.

Gebt euch stets einen Haupt-Fokus, wenn ihr bei Proben eine Szene improvisiert. Der Fokus ist euer „Game", das ihr der Szene zugrundelegt. Zu sagen, wir wollen „bessere" Szenen spielen, ist kein Fokus. Nicht einmal „besseres Storytelling" ist ein hinreichender Fokus für eine Probe, allenfalls ein Ausgangspunkt. Je besser ihr das Thema eingrenzen könnt, je klarer euer Fokus ist, umso befriedigender ist die Improvisation.

> Angenommen, ihr wollt ein Genre wie „Film Noir" knacken. Wenn ihr einfach drauflos spielt, kann es sein, dass ihr eine Handvoll guter Szenen improvisiert, vorausgesetzt, ihr seid mit dem Genre einigermaßen vertraut. Aber es ist unwahrscheinlich, dass ihr das Genre wirklich spielerisch-empfindend verstanden haben werdet. Stattdessen könnte

man sich für einzelne Proben-Sequenzen verschiedene Aspekte des Genres herausgreifen:

Wie *sprechen* die Protagonisten *einer Liebesszene* in einem Film Noir?

Wie spielen wir eine *Bedrohungsszene* in einem Film Noir?

Wie ist das Tempo einer *Eröffnungs*-Szene im Film Noir?

Wie sehen typische *Enden* in einem Film Noir aus?

Wir greifen uns also verschiedene Aspekte heraus und umkreisen langsam das Thema.

Ein anderes Beispiel:

Angenommen, eure improvisierten Storys funktionieren auf einer strukturellen Ebene, aber die Szenen für sich wirken irgendwie stumpf und etwas unspannend. Nehmen wir nun außerdem an, dass es in der Gruppe verschiedene Vermutungen gibt, warum das so ist:

1) Unzureichende Emotionalisierung,
2) zu lahmes Tempo und
3) zu wenig Verbundenheit der Spieler werden als Gründe genannt.

Man könnte nun folgendermaßen eine Probe um diese drei Themen herum organisieren:

1) Wir improvisieren Szenen, in denen wir mit Emotionen spielen. Mal lassen wir es emotional krachen. Mal bemühen wir uns um emotionale Feinheit. Mal ignorieren wir jede Emotion und spielen roboterhaft.
2) Wir improvisieren Szenen, in denen wir mit Timing spielen: Szenen mit extrem hohen Tempo, Szenen, die langsam aber intensiv sind, Szenen, in denen sich die Tempi abwechseln.
3) Wir improvisieren Szenen, in denen wir versuchen, das Game der Szene zu finden.

Ihr kommt der Lösung nahe, wenn ihr euch fragt: Was macht Spaß beim Zuschauen? Was macht Spaß beim Spielen? Lasst die Freude eure Kompassnadel sein.

Wiederholungen (Replay)

Wiederholungen von Szenen (auch „Replays" genannt) sind in der Improtheater-Szene einigermaßen umstritten. Aber wenn wir uns die populären Varianten anschauen, die als Games aufgeführt werden, nämlich Genre-Replay oder Emotions-Replay, dann ist ziemlich klar, dass diese Spiele in Workshops und Proben erfunden (oder besser gesagt – gefunden) wurden: Eine langweilig improvisierte Szene wurde genommen und den Spielern die Aufgabe gegeben, sie mit dem Fokus „Western" durchzuspielen. Et voila, schon hat die Szene Pfiff. Dasselbe gilt für Emotionen, Tempi usw. Das heißt, der *didaktische Sinn* dieser Spiele liegt darin, den Spielern durch einen neuen Blickwinkel die Chance eines erweiterten Erfolgserlebnisses zu geben. Natürlich ist es auch möglich, nach einer langweiligen Szene eine völlig neue Szene zu spielen, diesmal mit neuer Frische und neuem Fokus. Aber der Aha-Effekt ist einfach viel größer, wenn wir sehen, dass aus derselben Anfangssituation, die uns eben noch in den improvisatorischen Schlamassel geführt hat, eine schöne Szene werden kann. Das trifft übrigens nicht nur für Impro-Anfänger zu. Ich selber starte in Proben Szenen gern noch mal neu an, wenn wir den Kern der Szene, den Fokus noch nicht getroffen haben.

Welche Parameter wir bei einer Wiederholung konstant halten und welche wir verändern, hängt davon ab, wieviel an der Szene gut war und ab welchem Punkt sie verdorben wurde. Es kann sein, dass die Szene vier Minuten lang gut lief und dann durch eine Unachtsamkeit oder nachlässiges Spiel einen langweiligen Verlauf nahm. Dann setzen wir einfach an der Stelle ein, an der die Szene kippte.

Vielleicht wollen wir aber auch experimentieren. Was passiert, wenn wir die Szene von vornherein schneller spielen? Wie wirkt die Szene, wenn Spielerin A ihren Status leicht erhöht? Wie verändert sich die Szene, wenn wir die Polizistin gar nicht erwähnen? In solchen Fällen ist es durchaus angemessen, die Szene von vorne zu beginnen und nur die Grundsituation beizubehalten.

Es gibt Trainer, die Szenen im Stop-And-Go-Prinzip unterrichten, das heißt alle zwei, drei Sätze wird die Szene unterbrochen, dann wiederholt und weitergespielt. Ein solches Training fördert wenig mehr als das Ego des Trainers. Wenn du selber Trainer bist, lass den Spielern ein bisschen Ellbogenfreiheit. Improvisation braucht auch bei intensivem Training einen gewissen Flow. Es muss nicht *alles* perfekt sein. Sei dir darüber im Klaren, welchen Fokus die Probe hat. Wenn der Fokus bzw. das Thema des Trainings zum Beispiel emotionale Verbundenheit ist, dann solltest du so viel Großmut besitzen, über pantomimische Schludrigkeiten oder stilistische Ungenauigkeiten hinwegzusehen.

So wertvoll Wiederholungen auch sein mögen, man kann mit ihnen eine Szene auch zu Tode reiten. Irgendwann fühlt sie sich nicht mehr „frisch" an. Sollte das eintreten, dann legt sie beiseite und fangt mit etwas Neuem an. Außerdem eignen sich einige Szenen von vornherein nicht zum Wiederholen, zum Beispiel wenn ein Improvisierer nicht recht ins Spiel gekommen ist oder nicht zu seiner Figur gefunden hat.

Weitere Techniken

Zu den wichtigsten Techniken im Improtheater, welche nicht die Improvisations-Fähigkeit an sich in den Vordergrund rücken, zählen:

Storytelling

Wir benötigen Storytelling als grundlegende Fähigkeit, um Szenen oder Szenenfolgen zu improvisieren, die mehr sind als eine Collage, die ein kleines oder großes Narrativ bilden. Selbst wenn wir reinen Theatersport oder Game-Shows spielen, sollten wir die Grund-Instinkte des Storytelling verinnerlicht haben. Das gilt aber auch für Gruppen, die nur anti-narrative Formen wie Harold oder

Roter Faden[24] spielen und ebenso für Gruppen, die Plots zugunsten des szenenintensiven Spielens weitgehend ignorieren.

Das geschichten-technische Bewusstsein müssen wir verinnerlichen. Denn es genügt nicht, etwas *übers* Storytelling zu wissen, es muss so tief verankert sein, dass man es *instinktiv* anwenden kann. Wenn man beim Spielen anfängt, in seinem Wissen zu buddeln („Ist jetzt der Moment gekommen, an dem sich der Held seiner dunklen Seite zuwenden muss?"), verliert man den Moment des Improvisierens.

Timing und Szenenübergänge

Soweit ich das sehe, widmen sich die meisten Impro-Spieler im Prinzip nur zwei Mal in ihrer Impro-Karriere dem Timing. Einmal, wenn sie Improvisieren lernen und aufgefordert werden, einfach alles schnell herauszufeuern, was ihnen durch den Kopf geht. Und dann noch einmal, wenn sie die Hektik, die sich bisweilen aus dieser Schnellfeuer-Technik ergibt, wieder verlieren sollen. Timing heißt, sich den *Fragen des Tempos* einer Szene, eines Games oder eines Stücks immer wieder neu zu widmen. Einige Impro-Spiele funktionieren nur, wenn sie wirklich sehr schnell gespielt werden. Manche Formate und Szenen werden durch zu hohes Tempo zerstört.

Auch die *Wahrnehmung der Zeit* auf der Bühne sollte immer wieder trainiert werden, da sich diese im Laufe der Jahre ab und zu verschiebt. Um letzteres zu üben, können die Spieler zum Beispiel einfach nach jeder x-beliebigen Übung oder Szene schätzen, wieviel Zeit ihrer Meinung nach vergangen sei.

Szenenübergänge nenne ich in diesem Zusammenhang, weil sie mit dem Timing der Szenenabfolge verknüpft sind. Gruppen, die sich auf eine Form des Szenenübergangs eingeschossen haben (etwa: Abklatschen, Blacks, Querlauf), bleiben oftmals dabei, und

---

[24] Der „Rote Faden" ist ein von Randy Dixon geschaffenes fraktales Format, dass die Poesie von Alltagssituationen aufspürt. Siehe *„Improvisationstheater. Band 6: Freie Formen und Collagen"* und Randy Dixon: *„Im Moment"*

haben dann Schwierigkeiten, Formate zu spielen, die andere Übergänge erfordern.

Moderationstechniken

Nicht jedem liegt Moderation. Unterschiedliche Shows, unterschiedliche Arten von Publikum und unterschiedliche Anlässe
brauchen unterschiedliche Formen des Moderierens. Nebenbei
stärkt Moderationstraining unsere Bühnenpräsenz und die Verbindung zum Publikum.

Gesang und Dichtkunst

Gesang im Improtheater wird gleichzeitig über- und unterschätzt.
Es gibt Gruppen, die fabelhaftes Improtheater spielen, bei denen
seit Jahren kein Ton gesungen wurde, was auch niemand vermissen
würde. Umgekehrt halten sich manche Gruppen für unvollständig,
wenn sie nicht regelmäßig auch Impro-Musicals aufführen.

Man lasse die Kirche im Dorf. Impro-Musik soll spielen, wer
Impro-Musik mag. Dennoch nutzt Impro-Gesang der Stimmbil-
dung, macht Spaß und fördert das Gefühl für Timing und Poesie.
Also trainiert das Singen, auch wenn ihr es auf der Bühne kaum
tut.

Wer improvisierend singt, dichtet auch. Und seltsamerweise
schrecken selbst singende Improvisierer vorm Dichten zurück,
weil sie zu großen Respekt vor der Lyrik haben.

Dichtet! Dichten wird euer Gefühl für Poesie im weitesten
Sinne des Wortes schärfen. Dichten schärft euren Sinn für Sprache
und Metaphorik.

Tanz und Bewegung

Was für das das Singen gilt, ist auf das Tanzen übertragbar. Wenn
keine „Tanz-Improvisation" angekündigt wurde, erwartet auch
niemand Tanz im Improtheater, allenfalls ist man als Zuschauer
freudig überrascht, wenn die Darsteller zu tanzen in der Lage sind.
Trotzdem halte ich es für wichtig, freien Improvisationstanz, abstrakte Bewegungs-Improvisation, Contact-Impro und so weiter zu

üben. Die Beschäftigung mit diesen Formen trainiert die Wahrnehmung des Körpers, des Raums, des Körpers *im* Raum und das Gefühl für Rhythmus.

Gerade bei den etwas entfernt liegenden Techniken wie Gesang, Tanz und Bewegung kann es sich lohnen, impro-fremde Trainer einzuladen.

3.5.6 Langformen

Langformen sind im Grunde Games, die etwas länger dauern. Und genau wie bei Games, müssen sich die Spieler über drei Dinge klar werden:

- *Technisch*: Wie läuft die Langform ab? Welche Spielzüge sind möglich? Was sind die Regeln dieses „langen Games"?
- *Poetisch:* Worin liegt die Poesie dieser Form? Was führt dazu, dass die Form ihre spezielle Schönheit[25] entfalten kann?
- *Praktisch:* Um das Format voll zu begreifen, müssen wir es auch ausprobieren und spielen.

Es ist klar, dass wir für den „technischen" Teil der Probe erst einmal nur miteinander reden. Ob man die Poesie des Formats eher intellektuell oder eher körperlich erfasst, hängt ebenfalls vom Format selber ab. Manchmal sind es gerade die tempo- und abwechslungsreichen Formen, bei denen man erst durchs Selbermachen begreift, warum sie sich lohnen.

Die große Schwierigkeit beim Proben von Langformen besteht offensichtlich darin, dass es viel länger dauert als bei Games, bis man sie einmal durchgespielt hat. Ein kurzes Game, dessen Poesie wir nicht verstanden haben, können wir rasch wiederholen. Wir können aber eine Langform, deren normale Dauer eine Stunde ist,

---

[25] „Schönheit" kann Schönheit im konventionellen Sinne des Worts bedeuten, zum Beispiel Zartheit der Beziehungsentwicklung zwischen den Protagonisten. Die Schönheit der Form kann aber auch im wahnwitzigen Wechsel zwischen Szenen, Monologen, Games und Songs zum Tragen kommen.

kaum vier oder fünf Mal während einer Probe durchspielen. Ganz abgesehen von der Zeit nutzt sich so auch der Übungs- und Trainingseffekt ab. Die Probenleitung muss sich also vorher darüber klarwerden, welche Aspekte des Formats übenswert sind und wie man anhand dieser Aspekte die Probe gliedert.

So könnte man beim Training eines *freien Harold* mit der einfachen Intro-Sequenz beginnen, die aus einfachen Assoziationen besteht. Danach geht man zu anderen Punkten über, die einen am Harold reizen, vielleicht wahre Monologe, Makro-Welten, das Finden des Spiels in einer Szene usw.

Eine Langform in der Probe *durchzuspielen*, ist zwar irgendwann auch nötig, aber dieses Durchspielen hat nur den Zweck, ein Gefühl für den Gesamt-Schwung zu bekommen. Wenn ein Orchester ein großes Werk einstudiert, besteht das Proben auch nicht darin, das komplette Stück immer und immer wieder zu spielen, bis es sitzt. Vielmehr greift man sich einzelne Passagen heraus, kürzere und längere und übt daran, den Charakter des Werks herauszuarbeiten. Zugegebenermaßen ist das bei einer *improvisierten* Langform etwas schwieriger, da man zum Beispiel zu separat improvisierten Schlüssen die Anfänge nicht kennt. Aber selbst das ist möglich. Schlüsse von Langformen lassen sich trainieren, ohne dass man das ganze Format aufführen muss. Wie man das macht, hängt von der Langform selbst ab. In einer Story-Langform könnte ein Spieler den Inhalt der Geschichte erzählerisch improvisierend zusammenfassen, während zwei andere Spieler die letzte Szene spielen. Für Schlüsse von Collage-Formaten kann man einen Schnelldurchlauf von Szenen, Games und Miniaturen durchlaufen lassen, die in die letzte Sequenz integriert (oder auch bewusst beiseitegelassen) werden.

Schlüsse leben oft vom Wiedereinführen von Elementen, und das können auch Gesten, Redewendungen, kleine Handlungs-Motive, Orte usw. sein. Völlig befriedigend werden daher separat geprobte Schlüsse selten sein, aber es lässt sich immerhin der Gestus des Schluss-Setzens antesten. Und schließlich: Ob eine Langform funktioniert, zeigt sich letztlich in der Show.

3.5.7   Szenen und Formate mit starker Publikumsbeteiligung

Formate, bei denen wir mit dem Publikum stärker interagieren als lediglich nach Vorschlägen oder Ähnlichem zu fragen, stellen uns in den Proben vor eine besondere Herausforderung: Wie soll man Szenen ausprobieren, in denen das Publikum mitspielt, mitsingt, über den spezifischen Verlauf der Geschichte bestimmt?

Das Publikum lässt sich umso schwerer von den Mitspielern simulieren, je kleiner die Gruppe ist und je stärker wir von der Größe des Publikums abhängig sind.

Impro-Spieler wissen eher als das Publikum, wie man eine Story spinnt, was eine Szene „braucht", sie sind in der Regel weniger zögerlich als der Normal-Zuschauer, Vorschläge für eine Szene abzugeben. Die Zurückhaltung der meisten Zuschauer, ihre technische Unkenntnis, die Neigung zum oberflächlichen Effekt und die Prise Naivität in Bezug aufs Zustandekommen von improvisierten Szenen lassen sich nur schwer reproduzieren. Wenn man zum Beispiel das Publikum dazu bringen will, in einer improvisierten Oper den Refrain mitzusingen, lässt sich das kaum mit fünf professionellen Impro-Spielern üben.

Es ist aber auch nicht völlig unmöglich. Ich sehe hier folgende Möglichkeiten:

- In Formaten wie Blank Slate,[26] bei denen die Zuschauer über den Fortgang der Handlung bestimmen, kann man die **Impro-Kollegen als Publikum** nutzen.
- **Beobachten und Diskutieren**
  Im bereits genannten Beispiel der Integration des Publikums in einen Chor-Gesang, hängt viel von der Klarheit und der Präsenz des Impro-Spielers und der Einfachheit des musikalischen Themas ab. Auch wenn wir es in einer Probe nie ge-

---

[26] Ein von Randy Dixon entwickeltes interaktives Format, in dem das Publikum weitgehend über den Verlauf der Story entscheidet. Siehe „*Improvisationstheater. Band 5: Storys improvisieren*"

nau beurteilen können, wie der Gestus bei hundert Zuschauern funktioniert, so können doch ein, zwei beobach-
tende Kollegen oder ein Coach einen Eindruck wiedergeben
und dem Spieler Hinweise geben.

- **Publikum einladen**
  Proben brauchen eine Atmosphäre des Vertrauens. Man
  muss als Spieler über Grenzen treten dürfen, die man bei
  Shows eher vermeidet. Man muss sich von der Anfänger-
  Seite zeigen dürfen. Aus diesen Gründen sind Proben mit
  Publikum natürlich heikel, und ich würde dazu nur in Ausnahmefällen raten. In solchen Fällen sollte *der Zeitraum abge-
  grenzt* sein. Das heißt, das Publikum bleibt nur, solange es
  gebraucht wird. Es sollte nicht Zeuge von gruppeninternen
  Diskussionen werden. Das Publikum kann aus dem persönlichen Umfeld von Freunden, Familie und Impro-Schülern
  rekrutiert werden. Die Geduld, das Wohlwollen und die Bereitschaft zu helfen sind dann in der Regel höher. Belohnt
  das Probenpublikum mit Essen, Getränken und Freikarten.

Entscheidend beim Ausprobieren ist die Empathie fürs Publikum:
Wie würde *ich* mich im Publikum fühlen, wenn ich weder das For-
mat kennte, noch etwas vom Slang und den Gepflogenheiten des
Improtheaters wüsste. Würde mich die Show trotzdem begeistern?
Würde ich mich auf dieses Level der Interaktion einlassen?

3.5.8 Shows

Komplette Show-Abläufe im Improtheater durchzugehen, gestaltet
sich naturgemäß ziemlich schwierig. Fixe Einheiten jedoch, wie
An- und Abmoderationen, Übergänge zwischen Moderation und
Szene, Interaktion mit dem Publikum, die Interaktion mit den
Technikern und formatspezifische Elemente, wie das Punkte-
Notieren im Theatersport, lassen sich durchaus proben.

Games, Formate und Shows entstehen meist im Dreisprung.
Zuerst im Kopf, dann werden sie ausprobiert und schließlich aus-

geführt. Während man aber mit Games und Szenen schön beim Proben üben und sich ausspinnen kann, wird das bei einigen Langformen und Show-Formaten schwerer. Das heißt, dem ersten und dem letzten Schritt der Formatentwicklung kommt ein viel größeres Gewicht zu. Das lebendige Tagträumen prägt das neue Format. Wir können das Format in der Probe besprechen und diskutieren, wir können Teile davon ausprobieren. Aber die Feuerprobe läuft auf der Bühne vor Live-Publikum. Formate, die in der Theorie schön erscheinen und sich während des Probens gut anfühlten, können auf der Bühne scheitern, weil man ein Element übersehen hat. Die Publikumsdynamik lässt sich, wie wir schon gesehen haben, nur schwer simulieren. Und absolute Sicherheit gibt es nicht.[27] Auch das heute erfolgreiche und scheinbar simple Theatersport-Konzept brauchte seine Zeit, bis es die Form hatte, mit der Johnstone zufrieden war. Und auch heute wird es überall in der Welt abgewandelt, da man unterschiedlichen Zuschauern verschiedene Dinge zumuten kann. Junges Publikum tickt anders als altes. Schweizer Publikum anders als norddeutsches.[28]

---

[27] Als ich mit einigen Kolleginnen vor vielen Jahren das Berliner Dunkeltheater gründete (ein Improtheater das bei kompletter Dunkelheit *im* Publikum und um das Publikum herum spielte), waren wir in den Proben begeistert von unserer neuen, feinen Art des Spiels, von der akustischen Zartheit, die sich hier eröffnete. Und dann kam die Premiere, die zu einem der schlimmsten Auftritte meiner Bühnenlaufbahn gehört. Die Zuschauer waren einfach *laut*, da sie mit ihren Gesprächen instinktiv die Furcht vor der Dunkelheit zu überdecken suchten. Unsere Feinheit und Zartheit – sie ging einfach im Lärm unter, was dazu führte, dass wir dermaßen laut und grob spielten, dass das Publikum uns für ungehobelt hielt. Es bedurfte drei weiterer Proben, bis wir einen Ausweg aus dem Dilemma fanden. (Siehe *„Improvisationstheater. Band 9: Impro-Shows")*

[28] Keith Johnstone äußerte sich in einem Interview entsetzt darüber, dass eine deutsche Theatersportgruppe seinem Publikum eine fast dreistündige Show zugemutet habe. In Deutschland ist das zwar durchaus lang, aber nicht wahnwitzig. Jedoch für einen Theatermann, der nordamerikanische Shows von einer Stunde gewohnt ist, wirkt das geradezu irre.

3.6   Szenen besprechen: Das Feedback

3.6.1 Atmosphäre des Feedbacks

Die Rückmeldung („Feedback") für Szenen ist ein sensibles Feld. Ich höre immer wieder, und habe es auch selbst erlebt, dass Proben aus dem Ruder gerieten, weil einer der Spieler mit der Menge an negativem Feedback nicht zurande kam. Seid als Team untereinander wohlwollend. Denkt bei allem Willen, die Kunst und die Gruppe voranzubringen, auch daran, dass ihr es nur gemeinsam schaffen könnt, dass Spieler unterschiedlich sensibel sind, dass ihr eine Atmosphäre der heiteren Gemeinsamkeit braucht, um überhaupt etwas zu erreichen. Sei nicht genervt, wenn einzelne Mitspieler (oder auch du selber) wieder und wieder in die gleichen Muster verfallen. Die Probe ist ja genau dafür da, an diesen Mustern zu arbeiten. Nichts verändert sich von heute auf morgen. Wenn ihr zu oft mit dem Gefühl des Scheiterns die Probe verlasst, dann habt ihr euch womöglich einfach zu hohe Ziele gesteckt.

Umgekehrt muss auch jeder einzelne Spieler wissen, dass eine Probe mehr ist als ein Kaffeekränzchen. Proben heißt, an sich zu arbeiten. An sich zu arbeiten heißt unter Umständen, an die Grenzen zu stoßen, die einem die eigenen Gewohnheiten setzen. Und das ist nicht immer angenehm.

Wer Rückmeldungen zur Szene gibt, sei sich darüber im Klaren,

- dass die Mitspieler ihr Bestes geben,
- dass sie improvisieren, mithin „Fehler" entstehen können,
- dass ihr negative Rückmeldungen positiv verpackt oder positiv formuliert.

Die positive Verpackung einer negativen Rückmeldung nennt man Sandwich-Technik. Man beginnt mit der positiven Botschaft, d.h. mit einem Lob, fügt die Kritik an und endet mit einem Lob. Die

Sandwich-Technik ist dann ratsam, wenn die Performance insgesamt beurteilt werden soll.

Aber nicht jeder Spieler und nicht jede Situation braucht eine solch hochsensible Herangehensweise. Manchmal lenkt sie sogar ab. Wenn wir uns etwa in einer Schauspiel-Übung befinden, in der wir die Klarheit unserer Pantomime ausprobieren wollen, ist es unter Kollegen und Profis in der Regel nicht nötig, um den heißen Brei herumzureden. Als Spieler wollen wir dann rasch eine klare Rückmeldung: Was hat funktioniert? Was hat nicht funktioniert? Aber auch die rasche Klarheit des negativen Feedbacks kann positiv formuliert werden.

> „Spiel doch das Fensteröffnen noch einmal, und lass dir mit dem Vorhang ein bisschen mehr Zeit."

> *statt*

> „Dieses Herumhantieren an dem schludrig gemimten Fenster war total hektisch. Das hat beim Zuschauen echt genervt."

Der Schlüssel ist: Habt Spaß miteinander. Kritik sollte nie persönlich formuliert und auch nie persönlich *gemeint* sein.

> „Kannst du mal was anderes spielen als deine ständige Strenge-Mutter-Rolle?"

Wer sich so etwas anhören muss, egal wie ausgeglichen, verliert leicht die Lust am Improvisieren. Wie wäre es stattdessen mit:

> „Versuch dasselbe noch einmal, nur dass diesmal die Mutter liebevoll ist."

Eine der unangenehmsten Formen, vergiftetes Feedback scheinbar-objektiv zu formulieren, ist die psychologistische Rationalisierung. Dabei werden Fehler des Spielers psychologisch gedeutet oder auf die persönliche Beziehungsebene heruntergebrochen:

> „Dass du in der Szene negativ reagiert hast, ist ja nicht so schlimm. Du hast ja sowieso ein Problem mit persönlicher Nähe."

oder

„Blockierst du Stefans Angebote, weil er dich nicht zu seiner Party eingeladen hat?"

Egal für wie psychologisch geschult ihr euch halten mögt, solche Analysen haben in einer Probe (und überhaupt in der Gruppe) nichts verloren. Persönliche Querelen müssen außerhalb des Probenraums gelöst werden, und zwar ebenfalls freundlich und sensibel.

3.6.2 Ablauf des Feedbacks

Wer hat das noch nicht erlebt – die Szene war ganz nett, hatte aber einige Tücken, und nun wird geredet bis Pflaumenpfingsten. Jeder hat etwas in der Szene gesehen, jeder will etwas beitragen, und Manches ist vielleicht ein bisschen kontrovers. Diskussionen sind nötig und sinnvoll, und zuweilen entzündet sich an einer einzigen Szene eine prinzipielle Frage. Aber irgendwann rutscht man ins Reden um des Redens willen. Als Rückmeldungs-Reihenfolge halte ich für sinnvoll:

- Die Spieler der Szene sagen kurz, wie es ihnen in der Szene ging, was ihnen Spaß gemacht hat, was sie schwierig fanden. Sie sollten dabei Gelegenheit haben, Fragen zu stellen.
- Die Probenleitung gibt die Rückmeldung, so kurz wie möglich und so lang wie nötig. Eventuell eröffnet er die Diskussion.
- Mitspieler/Zuschauer: Was habt ihr gesehen? Gerade hier ist Kürze gefragt. Wenn ihr Kritisches zu sagen habt, bleibt im abgesteckten Rahmen des Übungs-Fokus. Wenn Spieler mit ihrer Kritik übers Ziel hinausschießen, ist es Aufgabe der Leitung, Einhalt zu gebieten.

Rückmeldungen seien kurz, klar und möglichst konstruktiv. Bleibt möglichst dicht an eurem Probenfokus, statt euch zu verzetteln. Vergesst nicht das Lob und das Lachen!

Eine besondere Situation entsteht, wenn der Probenleiter mitprobt. Sowohl die Spieler als auch der Leiter müssen sich darüber im Klaren sein, dass der Leiter, nur weil er den Hut für die Probe aufhat, kein perfekter Spieler ist. Das heißt, er verdient dasselbe Feedback wie die Mitspieler, aber auch denselben Respekt. Problematisch wird es, wenn ausgerechnet an der Performance des Leiters sich eine langwierige Diskussion entzündet, der Leiter aber mit der Probe fortfahren will. Wichtig sind hier ein großes gegenseitiges Vertrauen und die grundlegende Akzeptanz des Leiters für die Zeit der Probe. Falls der Zwiespalt dauerhaft schwierig ist, kann der Leiter überlegen, ob er bei der Probe nicht mitspielt oder für die Zeit seiner Performance die Leitung einer anderen Person überträgt.[29]

3.6.3 Zwischenfeedback an die Probenleitung

Lasst den Leitern während der Probe weitgehend freie Hand. Verständnisfragen sind möglich, aber lasst euch auch auf Dinge ein, die nicht hundertprozentig verständlich sind. Die Logik vieler Übungen und Games ergibt sich manchmal aus dem Ausprobieren von selbst.[30]

Man erspare sich während der Probe kritische Einwürfe zum Aufbau der Probe und zur Auswahl der Übungen. Diese Anmerkungen kann man *nach* dem praktischen Teil der Probe äußern.

Ob kleinere Vorschläge zum Ablauf erlaubt sind, müsst ihr unter euch klären. Zum Beispiel könnten Spieler darum bitten, vor

---

[29] Tatsächlich kann man, wenn man mit wechselnden Probenleitungen trainiert, einen echten Hut für den jeweiligen Leiter benutzen, der vielleicht auch ein bisschen albern ist, aber alle daran erinnert, wer heute das Sagen hat.

[30] Gute Trainer probieren eben auch Übungen aus, bei denen sie *nicht* genau wissen, ob und wie sie bei den Teilnehmern funktionieren.

eine hochkonzentrierte Übung ein paar Wachmacher- und Fokus-Spiele zu setzen. Gute Coaches und Anleiter werden solche Vorschläge zumindest in Erwägung ziehen.

3.7   Abschluss

In Workshops und Proben werden manchmal Abschluss und Abkühlen vernachlässigt. Wir brauchen einen guten Probenabschluss, damit wir der Probe Resonanz verschaffen und sie mehr ist als nur ein Nachmittag, den man nett miteinander verbracht hat. Außerdem schafft ein Abschlussritual eine positive Rahmung.

3.7.1   Rückblick und Ausblick

In einer guten Probe wird das Geprobte auch ausgewertet. Sind wir auf einem anderen Stand als vor der Probe? Was hat gut geklappt, woran müssen wir noch arbeiten? Auch das heitere und ehrliche Eingeständnis, womöglich gescheitert zu sein, gehört dazu. Und: Wie gehen wir mit dem heute Geprobten um?

- Haben wir individuelle Erfahrungen gemacht, die wir möglichst rasch in der nächsten Show umsetzen?
- Sind wir mit einem Game oder einem Format so weit vorangekommen, dass wir es demnächst aufführen können?
- Wollen wir an dem Thema bei den nächsten Proben dranbleiben?

Nehmt euch als Gruppe für Rück- und Ausblick Zeit, bleibt aber individuell knapp und zerredet die Probe nicht.

3.7.2   Feedback an die Leitung

Die Probenleitung braucht ebenfalls Rückmeldungen. Was hat während der Probe Spaß gemacht? Wie wart ihr mit dem Ablauf zufrieden? Gibt es Anregungen für Verbesserungen? Seid auch hier positiv in euren Formulierungen. Proben anzuleiten ist harte Arbeit, insbesondere, wenn die Leiter ihren Fokus spalten mussten zwischen Probenleitung und eigener Teilnahme.

3.7.3 Abschlussritual

Manche Gruppen beenden ihre Probe mit einem improvisierten Lied, mit einer kleinen Schluss-Meditation oder einfach nur mit einem gegenseitigen Applaus. Nutzt die Möglichkeit dieser positiven Rahmung. Eure Proben werden euch so in angenehmer Weise im Herzen bleiben.

3.7.4 Nachbereitung

Ich weiß, dass die Nachbereitung für viele eine Zumutung darstellt. Man hat die Probe beendet, und jetzt soll ich mich auch noch zuhause damit beschäftigen?

Aber egal, was ihr lernt, egal, wo ihr es lernt – ob im Workshop oder bei Proben – ihr lernt erst dann nachhaltig, wenn ihr das Thema sowohl *körperlich* erfahren als auch *geistig* durchdrungen habt. Je intensiver man sich mit dem Thema auseinandersetzt, umso besser:

- Warum haben wir diese Übung gemacht?
- Wie ging es mir dabei?
- Was habe ich gelernt?
- Ist etwas unverständlich geblieben?
- Wie kann man das in Zukunft praktisch umsetzen?

Es ist eine lernpsychologische Binsenweisheit: Jede nachträgliche Notiz ist ein zusätzlicher geistiger Schritt, der beim Lernen hilft. Selbst, sich die Übungen der Probe aus dem Kopf zu notieren, erhöht schon den Lerneffekt. Unter Umständen genügen schon drei Stichpunkte. Entscheidend ist das *aktive* Nachdenken. Es wäre also sinnlos, sich zum Beispiel den Proben-Übungsplan aus einer E-Mail in eine Word-Datei zu kopieren.

Notizen während des Probens halte ich für ablenkend. Wer schreibt, kann nicht hundertprozentig zuhören oder zuschauen. Und sowohl eure Mitspieler als auch ihr selbst verdient den Respekt der hundertprozentigen Anwesenheit und Achtsamkeit. Wenn ihr etwas notieren wollt, dann in den Pausen oder während der Ausführungen des Trainers.

4 AUFFÜHRUNGEN

4.1 Der Spielort
4.2 Auftrittshäufigkeit
4.3 Welche Art von Show?

4.1 Der Spielort

Wählt eure Bühne mit Bedacht aus. Habt ihr euch erst mal für eine Bühne entschieden hat, dann ist ein Wechsel schwierig (schon weil man viel Geld in die Werbung und die Vorarbeiten gesteckt hat). Wenn diese Wahl nicht recht durchdacht wird, lässt sich der Fehler oft nur mit großer Mühe wieder beheben. Sehen wir uns die Kriterien einzeln an:

4.1.1 Geographische Wahl

Wohnt ihr in einer kleinen Stadt oder in einem Dorf, könnte es sinnvoll sein, den Spielort in der nächstgrößeren Stadt zu suchen, einfach, weil es dort mehr Auftrittsmöglichkeiten und einen größeren potentiellen Publikumskreis gibt. Anderseits muss man nicht zu schnell die eigene Kleinstadt ausschließen. Wenn das kulturelle Angebot eher mager ist, die Einwohner und Touristen aber kulturhungrig, dann könnte es sich lohnen, vor Ort aufzutreten. Günstig ist eine gewisse Konzentration an Studenten und Touristen, also Menschen, die Zeit und Interesse haben (und im Falle der Touristen auch Geld mitbringen).

Kultur zieht Kultur an. Theater zieht Theater an. Impro zieht Impro an. Wenn es in eurer Stadt oder eurem Stadtteil schon ein Improtheater gibt, ist das noch kein Grund, es nicht ebenfalls zu versuchen. Konkurrenz belebt das Geschäft. Einige Gegenden leben von ihrem Ruf, kulturell attraktiv zu sein. Wenn ihr allerdings in *genau dasselbe* Theater einziehen wollt, an dem schon seit Jahren eine andere Improtheater-Gruppe auftritt, dann ist es eine Frage des Anstands, sich vorher bei den Kollegen anzukündigen.[31]

4.1.2   Theater, Cafés und andere Bühnen

Wenn ihr eine professionell geleitete Theater- oder Kleinkunst-bühne für euch gefunden habt, dann habt ihr höchstwahrscheinlich eine gute Wahl getroffen. Solche Häuser, die schon jahrelang im Geschäft sind, haben Erfahrungen mit den Bedürfnissen von Theaterschauspielern. Allerdings sind größere geförderte Theaterhäuser bis unters Dach strukturkonservativ. Sie haben ihre spezifischen Regeln, vom Personal bis zu den Auftrittszeiten. Am besten schaut ihr euch die Theaterprogramme an und seht nach, ob es für euch überhaupt Platz gibt (Warum nicht eine Sonntags-Matinee-Vorstellung?) und ob ihr mit dem Haus einigermaßen kompatibel seid. Ein gut durchdachtes (aber flexibles) Konzept, das den Gegebenheiten des Theaterhauses entspricht, könnte euch hier die Türen öffnen.

Denkt unkonventionell! Viele Spielorte sind durchaus für Kleinkunst geeignet, aber ihre Betreiber ahnen es einfach nicht. Wenn ich mich in einer Kneipe, einem Café oder einer Galerie aufhalte, denke ich manchmal sofort: „Wenn die Betreiber wüssten, was für ein großartiger Auftrittsort das ist!" Infrage kommt

---

[31] Gerade für Gruppen, die die ersten vor Ort sind und die Improtheater als Sensation anpreisen („Einmalig! Hier ist nichts vorbereitet!..."), wirkt ein zweites Improtheater manchmal als bedrohliche Konkurrenz. Aber das ist absurd. Improtheater müssen, ebenso wie Musiker, Komiker oder Tänzer damit leben, dass sie nicht die Einzigen sind, die diese Kunst ausüben.

fast jede Lokalität, wenn sie einigermaßen gemütlich ist: Kneipen, Bars, Discotheken, Galerien, Konzertsäle, Kinos. In vielen Städten haben sich ehemalige Industrie-Orte zu Kulturzentren gemausert.[32] In größeren Städten lohnt es sich, die Augen für neue Initiativen offenzuhalten. Kommunal geförderte Stätten, die etwa ein Tanzstudio und ein ökologisches Bildungszentrum beherbergen, suchen manchmal noch ein bisschen flotteres Entertainment.

Bei Kneipen und Discotheken kann man versuchen, Wochentage und Uhrzeiten zu finden, die außerhalb der normalen Hauptbetriebszeit liegen.

Discotheken öffnen ihre Türen selten vor 22 Uhr. Bis dahin ist der Raum ungenutzt. Improtheater-Publikum konsumiert vielleicht weniger Getränke als Disco-Tänzer, aber wenn ihr zu einem annehmbaren finanziellen Deal findet, kann es sich für die Betreiber auch mittelfristig lohnen, da sie auf diese Weise ihr Image erweitern und möglicherweise auch neues Publikum anziehen.

Zu einer Vereinbarung in Cafés und Kneipen zu gelangen, ist manchmal ein bisschen schwieriger, besonders wenn ihr eure Shows in bestehende Öffnungszeiten platzieren wollt. Am besten ist es, wenn das Lokal über einen separaten Raum verfügt, in dem ihr Eintrittsgeld kassieren könnt. Kneipenbetreiber werden sich selten dazu überreden lassen, dass ihr direkt an der Tür kassieren dürft, da das diejenigen Gäste verschreckt, die nur mal ein Bier trinken wollen und an eurer Show nicht interessiert sind. Lasst euch nicht auf halbe Sachen ein, denn eine Show, in der auch desinteressierte Kneipengänger sitzen, kann unerträglich werden, da schon zwei miteinander redende Gäste die gesamte Atmosphäre verderben können.

Gute Auftritts-Lokale sind auch Uni-Cafés und -Kneipen, die oft für studentische kulturelle Aktivitäten ein offenes Ohr und Herz haben, auch wenn sie vielleicht mit den Zähnen knirschen, wenn ihr darauf besteht, Eintritt zu kassieren. Weitere Orte, die in

---

[32] Daher wimmelt es in Deutschland von „Kulturbrauereien", „Alten Feuerwachen", „Kulturschlachthöfen" usw.

Frage kommen, sind Gemeinderäume in Kirchen, Konzertsäle, Galerien. Seid vorsichtig mit unpopulären Orten, die sich seit Monaten gerade so über Wasser halten, ohne wirklich Publikum anzuziehen. Ein Kirchengemeinde-Saal ist nur dann attraktiv, wenn es vor Ort eine lebendige Kirchengemeinde gibt. Vor allem als Newcomer werdet ihr aber höchstwahrscheinlich nicht diejenigen sein, die der sterilen Cocktailbar zu neuem Leben verhelfen oder die der verwaisten Kirche ihre Schäfchen zurückholen.

Die Symbiose wird dann perfekt, wenn sich eure Interessen überlappen: Ideal ist eine populäre Lokalität, die ihr Image mit Kultur aufbessern und/oder ihren Getränke-Umsatz in den bislang publikumsarmen Stunden verbessern will.

4.1.3   Die Atmosphäre des Spielortes

Ihr habt es in der Hand, den Charakter der Lokalität umzuformen, aber völlig ändern könnt ihr ihn nicht. Ein Jugendclub wird immer nach Jugendclub riechen, ein Theater nach Theater, ein Gemeindesaal nach Kirche. Das heißt, der Raum muss genügend Charme versprühen, damit ihr Publikum anzieht, das sich sonst dort nicht blicken lassen würde. Eine Discothek mit nicht zu kühler Atmosphäre kann man zum Theater umfunktionieren, aber wenn die Toiletten völlig verranzt sind, könnt ihr nicht erwarten, dass ihr Publikum über 50 dauerhaft zu euren Stammgästen zählen werdet.

Zuschauer kommen zwar hauptsächlich wegen der Show, aber das Drumherum entscheidet oft, ob sie sich einigermaßen bei euch wohlfühlen und dann auch wiederkommen. Unter zwei Bedingungen lässt sich über äußere Mängel hinwegsehen: Jugend und Fülle.

- Junges Publikum stört sich tendenziell weniger an einem mäßig gefegten Raum. Aber wenn ihr auch dessen Eltern als regelmäßige Zuschauer gewinnen wollt, solltet ihr dafür sorgen, dass man sich auch mit weißen Hosen auf die Stühle setzen kann, der Raum gelüftet ist und die Toiletten hygienischen Mindeststandards genügen.

- Wenn eure Shows ohnehin massenhaft Publikum ziehen und sich die Zuschauer wie bei einem Rockkonzert in den Saal drängeln, um noch einen Stehplatz zu erwischen, wird es kaum auffallen, wenn die Ordnung zu wünschen übrig lässt, einfach weil man den Raum als von der Masse dominiert empfindet, deren Teil man ist.

Seid kreativ, um das Äußere aufzuhübschen. Oft ist gar nicht so viel vonnöten. Eine schwarze Techno-Disco lässt sich vielleicht mit ein paar transportablen Deko-Elementen, Lichterketten usw. verwandeln.

4.1.4 Die Ausstattung

Technik

Grundlage ist: Ihr müsst gehört und gesehen werden. In einem regulären Theater werdet ihr wahrscheinlich in dieser Beziehung verwöhnt. Anderswo müsst ihr euch um das Equipment selber kümmern.

Wenn die Bühnensituation und die Akustik des Raumes es zulassen, dann spielt ohne Headset-Mikrofone. In einem normalen Theater sollte das möglich sein.[33] Headsets sind ein Segen und ein Fluch. Einerseits helfen sie uns, auch in großen Hallen und akustisch ungünstigen Räumen verständlich zu sprechen. Andererseits leidet die Bühnenwirkung, wenn die Stimmen aus Lautsprechern und nicht von den Schauspielern kommen. Manchmal genügt es, die Bühne leicht zu verschieben. Im Zweifelsfall rate ich dazu, ein Raummikro als leichte Zusatzverstärkung zu nutzen. Im Gegensatz zu Gesangsmikrofonen nehmen Raummikrofone einen Radius von mehreren Quadratmetern ab.

---

[33] Wenn ihr das in kleinen Räumen und in Theatern nicht hinkriegt, solltet ihr wahrscheinlich an eurer Bühnenstimme arbeiten.

Discotheken und Konzerthallen verfügen oft über Scheinwerfer. Kneipen und Cafés nur in Ausnahmefällen. Eventuell müsst
ihr also etwas Geld investieren und euch eine Scheinwerferausrüs-
tung mit Lichtmischpult besorgen. Lasst euch nicht darauf ein, in
Räumen zu spielen, die diffus oder mit Neonröhren beleuchtet
sind. Eine gut ausgeleuchtete Bühne ist absolut notwendig, um
genügend Fokus für die Theatersituation zu bekommen und die
Phantasie in Gang zu setzen.

Prüft die Technik-Box: Ist sie so ausgestattet, dass euer Techniker damit zufrieden ist? Eventuell müsst ihr in ein Lichtpult investieren.

Räumlichkeiten

Kontrolliert die Sichtbarkeit der Bühne. In manchen Lokalitäten
versperren Säulen, Türen usw. die Sichtbarkeit. Wenn es keine
erhöhten Sitzplätze gibt, sollte die Bühne hoch genug sein, damit
man euch sieht, sonst werdet ihr nur selten in den Genuss kommen, Szenen im Liegen oder Sitzen zu spielen.

Wahrscheinlich braucht ihr einen Raum, an dem ihr euer spezi-
elles Equipment aufbewahren könnt – Bühnen-Dekoration, even-
tuelle Kostüme, Theatersport-Zubehör, Mikroständer usw., also
alles, was nicht ohnehin schon zur Standard-Ausrüstung eurer
Gastgeber gehört. Manchmal sind es diese kleinen Dinge, an die
man bei den Vorgesprächen mit Betreibern nicht denkt, die später
zu Irritationen und Missverständnissen führen.

Und schließlich darf man die Garderobe bzw. das Backstage
nicht vergessen. Im Idealfall ist dieser hintere Raum so groß, dass
ihr ihn sowohl fürs Umziehen als auch fürs Warm Up nutzen
könnt.

Gemütlichkeit und Wachheit

Betrachtet die Lokalität vor allem aus der Perspektive des Publikums. Fragt euch: „Würde ich mich hier wohlfühlen? Würde ich

hier gern zwei Stunden sitzen? Werde ich, wenn ich hier sitze, von irgendwelchem anderen Schnickschnack abgelenkt?"

Tagsüber erstrahlen Spielorte oft in übelstem Neonlicht. Lasst euch das Licht so einstellen, wie es während einer Show leuchten würde.

Wenn ihr beeinflussen könnt, *welche* Sitzgelegenheiten dem Publikum angeboten werden, dann achtet auf bequeme Stühle. Sofas und Sessel werden nach dem Einlass meist gleich von den ersten Zuschauern okkupiert. Bedenkt, dass Sessel und Sofas das Publikum schläfrig machen. Man versinkt darin wie beim Fernsehen und wird passiv. Bierbänke oder unbequeme Stühle wiederum können den Genuss eines längeren Theaterabends mindern.

Komprimiert das Publikum!

Egal ob im Fahrstuhl, im Kino oder im Theater – man geht zu Fremden auf Distanz. Aber ein fragmentiertes Publikum „funktioniert" nicht, erst recht nicht bei Komödien. Stellt euch einen kleinen netten Comedy Club vor, in dem sich sechzig Zuschauer auf die Sitze und Bänke quetschen und zehn Leute sogar stehen müssen, dies aber in Kauf nehmen, weil sie Fans sind. Die Show ist wunderbar, sie ist lustig, das Publikum ist außer Rand und Band. Und jetzt stellt euch dasselbe Publikum bei derselben Show in einem Theater mit 800 Sitzen vor, fünf Leute sitzen in der ersten Reihe, einige Pärchen irgendwo im Parkett, wieder andere in den Rängen. Alle Zuschauer sind völlig separiert voneinander. Das Publikum *kann* hier gar nicht in Stimmung kommen.

Lachen steckt an und überträgt sich in Wellen. Egal für wie autonom sich der einzelne Zuschauer hält, große Gruppen funktionieren nach psychologischen Mechanismen, denen sie sich nicht entziehen können. Ein kleines Lachen neben mir verstärkt meine eigene Heiterkeit und umgekehrt. Isolierte und entfernte Lacher empfinden wir dagegen eher irritierend.

Wenn ihr also in einem schönen Theater oder Konzerthaus spielen könnt, dessen einziges Manko darin besteht, dass es etwas zu groß[34] geraten ist, dann sperrt ein paar Sitzreihen ab. Stellt sicher, dass die vorderen Plätze auf jeden Fall besetzt werden. Falls überraschenderweise mehr Zuschauer kommen, könnt ihr die Absperrung während des Einlasses verschieben. Als Faustregel sollten mindestens zwei Drittel der zur Verfügung stehenden Plätze besetzt sein. Habt ihr es mit einem großen Raum zu tun, der erst bestuhlt werden muss, kann man auch mit Raumteilern arbeiten, da sich sonst das Publikum verloren vorkommt.

Personal

Wenn ihr das Licht in der Show variiert, solltet ihr das erfahrenen bzw. talentierten Licht-Improvisierern übertragen und dem möglicherweise desinteressierten Haustechniker frei geben.

Ob ihr Aufbau oder Einlass selbst übernehmen möchtet, ist eine Frage des Deals. Vielleicht ist es für euch leichter und billiger, das selbst zu erledigen oder ihr habt Freunde, die euch gerne unterstützen. Einige Betreiber haben aber ihre hausinternen Regeln, die sie ungern brechen wollen.

Stellt möglichst rasch ein gutes Verhältnis zum Personal der Lokalität her. Egal ob an der Bar, an der Technik, am Einlass, ob Aufbau-Helfer oder Putzkraft, sie alle tragen dazu bei, dass sich das Publikum bei euch wohlfühlt. Nehmt das nicht als gegeben hin. Auch diese Beziehungen müssen gepflegt werden. Einige Bühnenkünstler sind berüchtigt dafür, über Personen hinwegzugehen, von denen sie erwarten, dass sie „funktionieren". Begrüßt die Mitarbeiter, würdigt ihre Tätigkeit und wenn es möglich ist, bedankt euch auch von der Bühne aus bei ihnen.

---

[34] „Etwas zu groß" heißt, das Verhältnis sollte aber angemessen bleiben. Euer Publikum soll die Chance zum Wachsen haben, aber wenn ihr zurzeit mit 40 Zuschauern rechnet, aus denen irgendwann 100 werden sollen, dann ist das 800-Sitze-Theater mit ziemlicher Sicherheit zu groß geraten.

Verhältnis Betreiber - Künstler

So wichtig es auch ist, dass die Betreiber sachlich-professionell an die Zusammenarbeit herangehen, so darf auch das persönliche Element, vor allem die gegenseitige Loyalität nicht unterschätzt werden. Oft merkt man schon im ersten Gespräch, ob die Chemie untereinander stimmt. Sind die Betreiber aufgeschlossen für euer Anliegen? Sind sie bereit, euch einen gewissen Vertrauensvorschuss zu gewähren? Sprechen sie klar über ihre Erwartungen? Lassen sie euch künstlerische Handlungsfreiheit?

Der entscheidende Punkt ist aus meiner Sicht die Loyalität. Wenn die Betreiber zum Beispiel einen Wochentag als festen Auftritts-Termin zugesagt haben, dann sollten sie diesen nicht bei der erstbesten Gelegenheit kurzfristig absagen, etwa wenn eine Firma sich anschickt, an diesem Tag dort die ihre Weihnachtsfeier auszurichten.

Und auch ihr seid natürlich zu Loyalität und respektvoller Kommunikation verpflichtet. Sagt Bescheid, wenn ihr Dinge im Ablauf ändern möchtet oder wenn euch Kleinigkeiten stören. Verschenkt Freikarten für das Personal und ihre Angehörigen. Seid großzügig wie möglich. Sprecht alle offenen Fragen möglichst vorher an.

4.1.5 Finanzielle Deals

Im Folgenden stelle ich die wichtigsten finanziellen Deals vor, die zwischen den Betreibern und der Gruppe geschlossen werden können.

Die Fix-Gage

Fix-Gage ist dann üblich, wenn ihr von einem Veranstalter *gebucht* werdet und die notwendige Werbung für den Auftritt jenseits eurer realistischen Möglichkeiten liegt, zum Beispiel wenn ihr für den Auftritt in eine andere Stadt reisen müsst, wo ihr die Gegebenheiten nicht kennt und keine Kontrolle über die Werbung habt. Fix-Gage könnt ihr eventuell auch dann vereinbaren, wenn ihr das Glück habt, ins Programm eines größeren Theaters aufgenommen zu werden, das über eine riesige PR-Maschine verfügt und bei dem klar ist, dass man euch entsprechend promoten wird.

Die Positiv-Staffelung

Positiv-Staffelung bedeutet, dass die Einnahmen an der Kasse nach einem fixierten Schlüssel aufgeteilt werden. „Positiv" bedeutet, dass beide Seiten von hohen Zuschauerzahlen profitieren. Sie funktioniert so: Künstler und Betreiber vereinbaren einen festen Satz, nach dem die Einnahmen aufgeteilt werden, zum Beispiel:

- 70 Prozent der Einnahmen gehen an die Künstler
- 30 Prozent der Einnahmen bleiben beim Betreiber.

Statt 70/30 sind auch Regelungen im Verhältnis 80/20 oder 60/40 üblich, was sich meistens an den Kosten der Betreiber orientiert.

Die Positiv-Staffelung ist zurzeit die wohl häufigste Form der finanziellen Aufteilung zwischen Künstlern und Betreibern. Sie ist vor allem dann sinnvoll, wenn die Betreiber einen großen Teil der Werbung für die Veranstaltung übernehmen. Auf diese Weise schlägt sich der Werbe-Aufwand positiv bei ihnen nieder. Sie wird oft dann in Erwägung gezogen, wenn die Betreiber keine oder nur geringe Möglichkeiten haben, ihre Kosten über Getränke-Verkauf zu refinanzieren.

Die Positiv-Staffelung ist daher besonders dann angebracht, wenn die Show in einem Theater oder einer Kleinkunstbühne stattfindet, in der relativ hohe Unkosten (für Technik, Strom, Personal usw.) für die Veranstalter anfallen.

Beide Seiten sollten sich hier in Bezug auf die Werbung aufeinander verlassen können. Als Künstler könnt ihr da ruhig nachhaken und fragen, wie die Werbung aussehen wird und wie für eure Premiere geworben werden soll.

Lasst euch bei Anfragen aus Orten, in die ihr erst anreisen müsst, nicht auf Prozentregelungen ein, auch dann nicht wenn die Veranstalter nett sind. Manche Veranstalter nutzen nämlich solche kulturellen Abende, um einen Test zu starten, bei dem sie nichts zu verlieren haben. Am Ende bleibt man auf den Fahrtkosten sitzen und spielt die Show vor den beiden Freunden des Barmanns.

Die Negativ-Staffelung

Die Negativ-Staffelung funktioniert nach dem umgekehrten Prinzip der Positiv-Staffelung: Je mehr Zuschauer zur Show kommen, umso weniger Geld geht von den Kasseneinnahmen an die Betreiber. Diese Regelung ist angebracht, wenn:

- die Show in einer Lokalität stattfindet, in der ein großer Teil des Umsatzes an der Bar gemacht wird bzw.
- die Betreiber eher weniger mit Theater, Comedy und so weiter zu tun haben (zum Beispiel eine Disco oder ein Café), so dass der Hauptteil der Werbung bei den Künstlern liegt.

Betreiber, die sonst mit dem 70/30-Modell vertraut sind, reagieren manchmal skeptisch, wenn man ihnen diese Regelung vorschlägt. Aber sie ist gerade für die Betreiber sinnvoll, denn deren Kosten werden so auf jeden Fall gedeckt. Viele Zuschauer konsumieren viel, und falls wenige Zuschauer kommen, wird die Differenz aufgestockt. Ein mögliches Modell sieht so aus:

- 0 - 30 Zuschauer: 150,- Euro an die Betreiber
- 31 - 60 Zuschauer: 75,- Euro an die Betreiber
- 61 - 90 Zuschauer: 30,- Euro an die Betreiber
- über 90 Zuschauer: frei.

Auch hier hängt die konkrete Ausgestaltung der Vereinbarung letztlich davon ab, wie hoch die Fixkosten der Betreiber sind.

Die Verantwortung, die Lokalität zu füllen, liegt hier hauptsächlich bei den Künstlern. Das bedeutet vielleicht mehr Arbeit. Allerdings habt ihr den Vorteil, euer potentielles Publikum zu kennen. Ihr wisst vielleicht eher, wo es sich lohnt, Flyer zu verteilen, wie die Plakate zu gestalten sind. Ihr wisst, wie eure Show am besten anzupreisen ist und könnt über soziale Netzwerke Zuschauer mobilisieren.

Einmietung

Sich bei einem Theater oder einer Kleinkunstbühne einzumieten, ist dann sinnvoll, wenn der Betreiber keine Möglichkeiten hat, seine Kosten (zum Beispiel über Getränkeverkauf) wieder einzuspielen und auch nicht die Verantwortung fürs Füllen des Theaters übernehmen kann oder will. Theaterbetreiber weigern sich hier oft nicht einmal aus bösem Willen, sondern weil es ihnen schlicht an Personal und Zeit mangelt. Wenn ihr also einen schönen, gut gelegenen Theaterraum ausfindig gemacht habt, der Betreiber sich aber lediglich auf ein Minimum an Zusammenarbeit einlassen will und die Verantwortung fürs Bewerben der Show an euch delegiert und ihr unabhängig von der Zuschauerzahl eine feste Miete zahlen sollt, dann ist das kein Grund, kopfschüttelnd das Büro zu verlassen. Kalkuliert die Sache in Ruhe durch und überlegt, ob ihr mit einem solchen klaren Deal nicht doch ganz gut leben könnt.

Hier die Kasse, dort die Bar

Wenn die Betreiber damit rechnen, dass ihr den Getränkeumsatz schon allein durch eure Präsenz deutlich erhöht, zum Beispiel, weil eure Show im Hinterzimmer einer Kneipe stattfindet, das sonst leer stünde oder weil ihr euch solch einen Namen erarbeitet habt, dass die Café-Betreiber damit rechnen, dass Zuschauer massenhaft zu eurer Show strömen, dann kann es sein, dass man euch eine 100-Prozent-Regelung anbietet: Ihr könnt sämtliche der Kassen-Einnahmen behalten, während die Betreiber ihren kompletten Umsatz durch die Bar machen.

Wenn ihr einen solchen Deal erwischt: Herzlichen Glückwunsch! Aber werdet nicht faul, sondern sorgt trotzdem für Werbung und ein allzeit volles Haus!

Gratis oder „auf Hut" spielen

Selbst wenn man mit einem sehr geringverdienenden Publikum rechnet, ist eine Gratis-Show nicht automatisch populärer als eine Show, bei der wenigstens ein kleiner Betrag als Eintrittspreis bezahlt werden muss. Wenn der Eintritt nichts kostet, zieht man auch Zuschauer an, die „nur mal so" gucken wollen, und die (vor allem in Bars), sobald sie eine Szene nicht interessiert, zu reden beginnen. Allenfalls wenn es den Schauspielern wirklich um das *Nur-zum-Spaß* geht und man mit einem wohlwollenden, coolen Publikum rechnen kann, sind Gratis-Shows eine freundlich-großzügige Geste, die die Impro-Community zusammenschweißt.[35]

Von Straßenkünstlern stammt der Brauch, nach der Show den Hut herumgehen zu lassen, damit die Zuschauer nach Gutdünken etwas Geld geben. Bei Shows in geschlossenen Räumen rate ich davon im Prinzip ebenso ab wie von Gratis-Shows. Auch hier müsst ihr unter Umständen mit Besuchern klarkommen, die sich für die Show eigentlich nicht interessieren. Und die meisten Zuschauer zahlen in einen Hut weniger als sie an der Kasse geben würden. Unter bestimmten Bedingungen ist man aber vielleicht gezwungen, auf diese Form zurückzugreifen, etwa wenn man an einem attraktiven Spielort auftreten möchte, bei der sich diese Form der Bezahlung eingebürgert hat. Dann ist es wichtig, das Huterumreichen klug anzukündigen, sonst sparen die Zuschauer, statt großzügig zu spenden.

> Die Improvisierer der Berliner *Improküche* etwa pflegten ihr
> Publikum nach der Show zu fragen: „War Ihnen diese Show
> so viel wert wie ein Kinobesuch, wie ein Theaterbesuch oder

---

[35] Die berühmteste Ausnahme ist das New Yorker Improtheater Upright Citizens Brigade (UCB), das seit Jahren mehrere Shows täglich spielt und an einigen Wochentagen um Mitternacht eine Gratis-Show aufführt. Dazu muss man allerdings folgendes wissen: Der Eintritt ist dort generell sehr niedrig, und die Künstler erhalten keine Gagen, egal ob es eine Show der fortgeschrittenen UCB-Schüler oder der Stars von Saturday Night Live ist. Die Schauspieler treten dort auf, weil sie mit erstklassigen Improvisierern vor einem Kenner-Publikum spielen dürfen.

wie ein Konzertbesuch?" Das Publikum zahlte nach dieser Absage deutlich mehr in den Hut als zuvor.

4.2   Auftrittshäufigkeit

4.2.1   Erste Schritte

Wenn ihr bereit seid, dann tretet auf, und zwar so häufig wie möglich.

Wann ist man bereit? Ihr seid bereit, wenn ihr eure Szenen liebt, wenn ihr regelmäßig (und nicht nur ausnahmsweise) Spaß beim Improvisieren habt, wenn ihr vom Improvisieren nicht genug bekommt. Eine gewisse Aufregung vor den ersten Auftritten ist normal, sie wird sich legen, je häufiger ihr auftretet. Nutzt jede Möglichkeit, die sich euch bietet:

- Ladet Freunde und Familie zu einer Art offener Probe ein, (sofern euer Probenraum eine bühnenmäßige Atmosphäre aufkommen lässt).
- Spielt bei Offenen Bühnen, Open Mikes, Mixed Shows und Impro-Jams mit. Durchsurft das Internet nach entsprechenden Gelegenheiten.
- Nutzt niedrigschwellige Kulturstätten, wie Uni-Cafés, Kulturhäuser, Gemeinde-Zentren usw., in denen man kurze Shows spielen kann.
- Spielt kurze Games zu niedrigschwelligen Anlässen. (Zum Beispiel auf der Geburtstagsparty eines Freundes. Als Anfänger solltet ihr Hochzeiten und Firmen-Veranstaltungen wegen der hohen Erwartungshaltung zunächst eher meiden.)

Wenn ihr Anfänger seid, müsst ihr wahrscheinlich damit leben, dass eure Show zu einem hohen Anteil aus vergurkten Szenen besteht. Ich empfehle daher Kürze. Wenn ihr zum Beispiel in einer Open-Stage-Show eine flotte Ein-Wort-Geschichte und eine lebendige ABC-Szene aufführt, dann seid ihr in spätestens fünf Minuten fertig und werdet für euer Tempo bewundert. Aber wenn ihr zehn Minuten für einen zähen Reigen braucht, dessen Story zerbröselt, dann wird man euch in schlechter Erinnerung behalten (und ihr euch selber vermutlich auch).

Falls ihr längere Shows spielt und mit euren Szenen noch etwas unsicher seid, dann wählt Formate, die das Scheitern auffangen. Das bekannteste dieser Formate ist natürlich Theatersport, das durch seine Meta-Show eine zusätzliche Ebene der Unterhaltsamkeit einzieht. Wenn hier die Energie der Moderation und der Spieler stimmt, kann kaum etwas schiefgehen. Andere Formate, die sich anbieten, sind Gorilla-Theater, Maestro, Quintett.

Das Auftreten gibt euch die Gelegenheit, etwas auszuprobieren, was euch bei den Proben fehlt, nämlich Interaktion mit dem Publikum, das heißt, mit *echtem* Publikum, mit Zuschauern, die nicht identisch mit euren Mitspielern sind. Das heißt aber auch, dass ihr gerade eure Bühnenpräsenz und die Interaktion mit dem Publikum intensiv auswerten solltet.

Der erste Auftritt hinterlässt emotionale Spuren. Manche Spieler schweben noch tagelang in einem Glücksrausch durchs Leben, andere sind völlig niedergeschlagen, weil sich die erhoffte Einzigartigkeit der Show nicht eingestellt hat, weil das Konzept nicht aufgegangen ist oder weil man von sich selbst oder von den Mitspielern enttäuscht ist. Bedenkt, dass dies Teil des Meta-Spiels ist, auf das ihr euch einlasst, wenn ihr als Improvisierer auftreten wollt.

Um Erfahrungen zu sammeln, muss man Erfahrungen machen. Impro-Neulingen fehlt es meist an Bühnenroutine, und das merkt man ihnen auch an. Aber wo sollen sie ihre Routine entwickeln, wenn nicht auf der Bühne!

Spielt so viel wie möglich. Ich habe Impro-Gruppen kennengelernt, die unbedingt auf die Bühne wollten und ihren ersten Auftritt immer weiter verschoben. Andere brauchen Monate, um die „Fehler" der ersten Show in Proben zu analysieren, bis sie sich wieder auf die Bühne trauen. Kurz, die meisten Neulinge treten viel zu selten öffentlich auf. Sie halten sich für „noch nicht gut genug", wollen noch mehr und noch mehr proben, um dann irgendwann die perfekte Show auf die Bühne zu bringen. Wenn dann die erste Show die Erwartungen unterschreitet, nimmt die Angst vor dem nächsten Auftritt zu, und so verschiebt sich der Termin immer und immer wieder. Geht Risiken ein. Die perfekte Show gibt es nicht. Erst die permanente Bühnenerfahrung gibt euch das Gefühl dafür, was auf der Bühne funktioniert und was nicht.

4.2.2   Regelmäßige Shows

Wie oft ihr als Gruppe auftreten wollt und könnt, hängt von mehreren Faktoren ab. Fragt euch: Was ist überhaupt unser Bedürfnis? Wenn ihr eine Gruppe von zehn Spielern seid, die gerne und oft spielen, dann wäre eine monatlichen Show mit je vier Spielern unbefriedigend, da dann jeder Spieler kaum fünf Mal pro Jahr überhaupt die Bühne betritt. Und umgekehrt müsst ihr euch fragen, ob ihr zu dritt eine wöchentliche Show überhaupt stemmen könnt.

Wöchentliche Shows

Ich halte wöchentliche Aufführungen für den Goldstandard unter den regulären Shows. Sie geben euch einen guten Rhythmus, um einerseits im Spiel zu bleiben und andererseits (an einem anderen Wochentag) eure Fähigkeiten zu trainieren. Die Regelmäßigkeit gibt euch auch Sicherheit im Verhältnis zum Spielort: Der entsprechende Wochentag ist dann geblockt und muss nicht immer wieder neu verhandelt werden.

Aus werbetechnischer Sicht spricht für eine wöchentliche Show, dass sie sich für die Zuschauer leichter ins Gedächtnis einprägt als eine monatliche Show. Und eine monatliche Show am ersten Mittwoch des Monats an immer demselben Ort lässt sich leichter merken, als eine wandernde Bühne.

Monatliche Shows

Monatliche Shows bieten sich an,

- wenn ihr noch sehr viel Probenbedarf habt, und zunächst nur die eine oder andere Show spielen wollt, um eure Praxis vor Publikum auszuprobieren,
- wenn eure Terminkalender partout nichts anderes zulassen. (Wer einem improfremden Hauptberuf nachgeht und außerdem noch eine Familie hat, um die man sich kümmern muss, kann unter Umständen nicht mehr als einmal pro Woche Zeit für Impro aufwenden – drei Mal pro Monat für Proben, einmal für eine Show.),
- wenn die Betreiber des Spielortes anderes nicht zulassen.

Natürlich hat ein monatlicher Auftrittstermin auch Nachteile:

- Er lässt sich schwieriger bewerben. „Jeder dritte Donnerstag des Monats" lässt sich schwerer merken.
- Wenn ihr eine größere Gruppe seid, kann das darauf hinauslaufen, dass jeder Spieler letztlich nur drei oder vier Auftritte pro Jahr hat. Kommen dann noch Umstände wie Urlaub oder Krankheit hinzu, bleibt man am Ende vielleicht bei zwei Auftritten an 365 Tagen. Wie will man da Spielpraxis erlangen! Die Spielpraxis ist aber notwendig, wenn ihr euch zu einer Improgruppe entwickeln wollt, deren Fokus auf Shows liegt.

Andere Auftritts-Rhythmen

Manche Gruppen spielen in Blocks. Zum Beispiel an drei oder vier aufeinanderfolgenden Tagen oder gar eine ganze Woche lang. Das kann wieder von den persönlichen Kalendern oder den Gewohnheiten des Theaters diktiert sein. Denkbar ist das auch bei Shows, die eine spezifische Vorbereitung brauchen, etwa wenn aufwendige Requisiten für eine gewisse Zeit im Theater deponiert werden müssen. Oder bei Shows, die anlassbezogen um ein Datum kreisen

– ein sportliches oder politisches Ereignis oder ein historisches Datum. In solchen Fällen kommt ihr nicht um massive Werbung herum.

Einige Ensembles sind so groß und/oder erfolgreich, dass sie mehrere regelmäßige Shows spielen. Wenn ihr die Kraft und das Personal dafür habt, dann legt nur los. Aber überschätzt auch nicht eure Ressourcen. Gerade größere Gruppen unterliegen der Gefahr zu zerfasern. Das heißt, ihr braucht auch immer wieder Proben, um euch künstlerisch gegenseitig zu vergewissern. Die Shows dürfen euch als Gruppe und als Einzelkünstler nicht in einen Workaholic-Strom ziehen, der euch zu schnell ausbrennen lässt. Das passiert nicht etwa, weil man „zu viele Ideen", sondern weil man die Auftritte nur noch als zu erledigende Jobs wahrnimmt, statt als inspirierende, freudvolle Tätigkeit.

Schließlich möchte ich noch Gruppen erwähnen, deren Fokus und Daseinsgrund gar nicht das Auftreten, sondern das Miteinanderspielen ist, Gruppen, die zum Beispiel aus therapeutischen Gründen zusammen sind oder einfach, um eine nette Zeit miteinander zu verbringen. Selbst wenn ihr *im Prinzip* unter euch bleiben wollt, kann ab und zu eine kleine Aufführung vor Freunden und der Familie nicht schaden. Es belebt das Spiel und gibt euch ein neues Ziel.

4.3   Welche Art von Show?

4.3.1   Was würden wir selber sehen wollen?

Zu Beginn der 00er Jahre hörte ich ein Radio-Interview mit einem der Erfinder der Blue Man Group Show. Gefragt, wie sie auf das Konzept kamen, antwortete er, sie planten eine Show, die sie selber gern sehen würden. Das, so wurde mir schlagartig klar, ist der Schlüssel zu integrer Kunst und zu integrem Improtheater.

Bei der Entwicklung von Shows trifft man grob gesprochen auf zwei Typen[36]: Erstens die „Autisten" und zweitens die „Opportunisten".

Die „Autisten" gehen von ihrem eigenen Spiel auf der Bühne aus. Es entgeht ihnen, ob das, was sie tun, jemanden interessieren könnte oder ob das überhaupt von der Bühne herunter vermittelt und kommuniziert werden kann.

Die „Opportunisten" suchen nach Marktlücken. Sie versuchen, sich in ein imaginiertes Publikum hineinzuversetzen und dessen angenommene Wünsche umzusetzen. (Dieses imaginierte Publikum ist in ihren Gedankenspielen natürlich meistens dümmer als man selber und wünscht sich pures Mitklatsch-Entertainment.)

Wer nur an sich selber denkt, kann Improtheater auch im Probenraum ohne Publikum spielen. Wer umgekehrt nur ans Publikum denkt, für den bleibt Improtheater ein „Job". Vor allem aber würde man dann die Kunst verschleudern, da man letztlich nur ahnen kann, wann und welches Publikum sich was wünscht.[37] Zudem gibt es „das" Publikum überhaupt nicht. Es gibt allenfalls eine Menge potentieller Zuschauer, die man anlocken und eventuell dauerhaft binden kann.

Sich für das zu engagieren, was man selber liebt, strahlt auch nach außen. Eine mit echter Schaffensfreude gespielte Show überträgt einen Großteil seiner Energie aufs Publikum.

Natürlich kann man auch am Rande des Mainstream-Geschmacks liegen, zum Beispiel wenn das Format weniger intuitiv zugänglich ist. Wenn man aber die Show und das Format beherrscht und außerdem einen langen Atem hat, wird man sich mit der Zeit auch für komplizierte Formen diejenigen Zuschauer anlocken, die so etwas mögen.

---

[36] Das trifft übrigens nicht nur auf Improtheater, sondern auch auf andere Shows zu und lässt sich auf andere Bereiche der Kunst übertragen.

[37] Außerdem befinden sich die Wünsche der Zuschauer immer im Spannungsfeld zwischen Bekanntem und Neuem. Man wünscht sich also zum Beispiel einen vergnüglichen Abend mit allerhand Überraschungen. Das heißt, man will viel Unvorhergesehenes in vorhersehbarem Rahmen.

Wenn ich von langem Atem spreche, meine ich einerseits, dass man dem Publikum ein bisschen Zeit geben sollte, um sich an neue Formate zu gewöhnen, aber auch, dass man lernen muss, eventuell mit harscher Kritik umzugehen.

Zum Beispiel können einige Zuschauer mit assoziativen, collagierten oder abstrakten Formaten wie dem *Harold* wenig anfangen und halten das Ganze für ambitioniertes Kunst-Getue. Die deutlichste Kritik ist natürlich, wenn Zuschauer während der Show den Saal verlassen.

> In einer improvisierten Surrealismus-Show von *Foxy Freestyle* verließen fünf Prozent der Zuschauer den Raum und weitere fünf Prozent schüttelten hinterher verständnislos die Köpfe. Aber: Die große Mehrheit des Publikums jubelte, man beglückwünschte uns für die gekonnte Umsetzung dieses herausforderungsvollen Stils und lobte Details. Diese Show zähle ich noch heute zu meinen Lieblings-Auftritten.

Soll man nun versuchen, die enttäuschten zehn Prozent zurückzugewinnen? Die Show mit Impro-Gimmicks anreichern? Den Stil verwässern? Ich denke nicht. Man sei offen für inhaltliche und formale Kritik. Aber wenn „Surrealismus" angekündigt ist, dann muss der Impro-Zuschauer auch mit Surrealismus rechnen. Wenn sich in einem Fischrestaurant jemand über den fischigen Geschmack der Gerichte beschwert, wird das den Geschäftsführer kaum dazu veranlassen, nun zusätzlich Rinderbraten mit ins Angebot zu nehmen.[38]

4.3.2 Marketing-Überlegungen

Das heißt natürlich nicht, dass wir bei der Konzeption einer Show Marketing-Aspekte völlig vom Tisch fegen sollen. Angenommen,

---

[38] All das soll nun nicht als Aufforderung gelesen werden, nur noch die kompliziertesten Formate zu spielen. Wenn ihr gerne Impro-Games seht und spielt, dann bringt eben das auf die Bühne. Entscheidend ist eure Leidenschaft.

ihr spielt gerne flottes, kurzformatiges Improtheater und kommt auf den Gedanken, dass Theatersport doch eine gute Form für eure Show wäre. Dann seid ihr gut beraten, euch umzuschauen, ob es in eurer Stadt schon eine Theatersport-Show gibt. Und falls das der Fall ist, ob ihr nicht ein anderes Show-Format für eure Impro-Games findet. Schließlich muss man sich ja nicht gegenseitig auf die Füße treten. Aber es hängt zum Beispiel auch von der Größe eures Spielortes ab, wieviele ähnlich konzipierte Impro-Shows er verträgt.[39]

Das Potential für Improtheater-Publikum wird regelmäßig unterschätzt. Schlecht besuchte Shows sind meines Erachtens

- schlecht beworben,
- verkehrsmäßig schlecht zu erreichen,
- finden an unpassenden Spielorten statt oder
- sie sind wirklich schlecht.

Einen mit gutem Improtheater gesättigten Markt gibt es derzeit in Deutschland noch nicht, wenn man von Dörfern und einigen Kleinstädten absieht.

Marketing-Überlegungen müssen aber unsere Regel „Spiel die Show, die du selber gern sehen würdest" nicht aufheben. Wenn ich also als Impro-Spieler an drei Tagen in der Woche in unserer Stadt gute Harolds sehen kann, dann ist ja auch *mein* Harold-Interesse als Spieler im Grunde schon gestillt. Also kann ich mich fragen: „Was fehlt?" Wenn ich trotzdem Collagen spielen will, könnte ich zum Beispiel eher *inhaltlich* denken: Fehlt hier vielleicht politisches Improtheater? Oder literarisch inspiriertes Improtheater? Oder sind wir von der Qualität und Andersartigkeit unseres Harold dermaßen überzeugt, dass wir unserer Stadt noch einen weiteren Harold anbieten können?

---

[39] In einer Millionen-Stadt wie Berlin gibt es momentan (2019) eine einzige reguläre Theatersport-Show. Wer sagt, dass man nicht in den Randbezirken Marzahn, Spandau und Köpenick noch mehr Theatersport zeigen könnte – für Zuschauer, die sich nicht eine Stunde Fahrt in die Innenstadt leisten wollen?

Lasst euch von anderen Impro-Gruppen inspirieren, Techniken zu kopieren, aber wenn es daran geht, eure eigene Show zu kreieren, solltet ihr mal *in euch* gehen. Welche Art von Show würde *euch selbst* wirklich ansprechen, wenn ihr davon in der Zeitung oder in einem Sozialen Netzwerk läset?

5 INTERNE KOMMUNIKATION

Bekanntermaßen sind Künstler Sensibelchen. Durch die künstlerische Entäußerung, öffnet man sich. Man macht sich kritisierbar und angreifbar. Das gilt ebenso für Impro-Spieler, auch wenn wir wissen, dass wir „Wegwerftheater" spielen. Aber mehr als Schriftsteller, Maler oder auch Tänzer und „normale" Schauspieler sind Improvisierer auf das Miteinander angewiesen. Wir vertrauen unseren Mitspielern und erwarten Vertrauen. Andererseits wissen wir auch, dass niemand perfekt ist. Ich kann zwar *bereit* sein, auf der Bühne meinem Mitspieler zuzuhören, seine Angebote zu akzeptieren, ihn glänzen zu lassen, aber ich kann nicht garantieren, dass ich nicht auch einen Moment der Unachtsamkeit habe, dass mich das Ego packt, dass ich mal einfach nicht in Form bin. Und umgekehrt kann das auch meinem Mitspieler so gehen. Vertrauen zwischen Impro-Spielern wirkt bis in die Ebene des gegenseitigen Zulassens von Impro-Kardinalfehlern.

Dieses hohe gegenseitige Vertrauen führt oft zu einer emotionalen Nähe, einem beinahe familiären Gefühl. Die Gruppe gibt

Wärme und Verständnis. Man verbringt auch außerhalb der Auftritte und Proben Zeit miteinander.

Ähnlich wie in Familien stellen sich manchmal Tendenzen des Sich-Gehenlassens ein. Da man sich ja so wunderbar versteht, glauben viele, brauche man sich ja in der Kommunikation keine Mühe zu geben. Man wird flapsig, sarkastisch und meint, sowieso verstanden zu werden. Man hält Dinge für normal, über die eigentlich gesprochen werden müsste. Dann werden Dinge, die nichts mit Improtheater zu tun haben, plötzlich persönlich genommen und es kommt zu emotionalen Explosionen, die in keinem Verhältnis zur Sache stehen. Was also führt in Impro-Gruppen typischerweise zu Spannungen und Konflikten? Und wie können wir diese Konflikte verhindern oder lösen?

5.1   Umgang mit neuen Ideen

Jedes Künstlerkollektiv sollte sich über neue Ideen freuen. Natürlich wird nicht jede Idee in die Praxis umgesetzt. Aber wenn wir davon ausgehen, dass vielleicht jede zehnte Idee eine praktische Konsequenz (auf der Bühne, in der Werbung oder anderswo) haben wird, ist es sinnvoll, eine Atmosphäre zu schaffen, in der möglichst viele Ideen generiert werden können und jeder die berechtigte Erwartung haben darf, gehört zu werden.

Ideen haben ihre Zeit des Wachstums, des Formens und der Belastung. An jedem Punkt kann es geschehen, dass sie verworfen werden. Wenn wir Ideen aber zu früh kritisieren und mit Wenns und Abers bombardieren, haben sie möglicherweise keine Chance zu reifen. Wenn gute Ideen scheitern, liegt das oft daran, dass die Beteiligten sich nicht darüber im Klaren sind, an welcher Stelle der Diskussion man sich gerade befindet.

Für das Vorantreiben aber auch pragmatische Prüfen neuer Ideen verweise ich auf die sogenannte Disney-Methode[40], bei der drei Diskutanten jeweils drei Rollen zugeordnet bekommen:

- Der Träumer
- Der Realist
- Der Kritiker

Mit diesem Modell lässt sich spielen. Man kann die Rollen entweder verteilen oder sie nacheinander als Gruppe annehmen. Man kann das Modell auch als Einzelperson nutzen, um die Idee zu formen oder auf ihre Praktikabilität zu untersuchen.

5.1.1 Wie man mit einer eigenen vagen Idee umgeht

Angenommen, du hast die vage Idee, mit deiner Gruppe Szenen im Stil von Karl Valentin zu improvisieren. Dir ist vielleicht noch gar nicht klar, wie das umsetzbar sein könnte, da sich viele Fragen auftürmen: Funktioniert Valentins Stil ohne bayrischen Dialekt? Beruht Valentins Komik nicht in großen Teilen auf permanentem Blockieren? Kann man Valentin-Szenen mit großem Ensemble aufführen? Wenn es nicht gerade Münchner sind, kennt wahrscheinlich die Hälfte deiner Mitspieler Karl Valentin nicht einmal. Eine solche vage Idee einer größeren Gruppe zur Abstimmung vorzustellen wäre in vielen basisdemokratischen Gruppen Mord an der Idee. Sie würde von denjenigen zerredet, die sich am wenigsten auskennen. Wie sehr dich deine Idee auch bewegen mag – wenn du nicht in der Lage bist, sie so weit auszuformulieren, dass andere zumindest weiterassoziieren können, dann werden sie mit den Schultern zucken. Allenfalls kannst du dir einen Freischuss für eine Probe erbitten, in der Hoffnung, dass ihr euch dem Thema *spielerisch* annähert.

---

[40] Ähnlich dunktioniert auch die Sechs-Hüte-Methode von Edward de Bono.

Sinnvoll ist hier, sich zunächst *allein* in die Disneymethode zu begeben. Was begeistert dich *im Kern* an der Idee? Je klarer du das formulieren kannst, umso wahrscheinlicher wirst du auch mit den offensichtlichen Hindernissen zurechtkommen, da du sie dann aus der Position des Realisten und des Kritikers schon „gesehen" hast. Eine weitere Möglichkeit ist, sich inner- oder außerhalb der Gruppe *eine* Person als Ratgeber zu holen, mit der man die vage Idee besprechen kann. Wenn das alles nichts hilft, ist die Idee nicht verloren. Solange du sie irgendwo gespeichert hast – auf deinem Computer oder in deinem Notizbuch – ist sie ein Samenkorn, dessen Zeit vielleicht noch kommen wird.

5.1.2 Kollektive Ideenfindung – Vor- und Nachteile des Brainstorming

Viele Probleme in Impro-Gruppen lassen sich am besten kollektiv lösen. Das trifft nicht nur auf basisdemokratisch organisierte Gruppen zu. Natürlich muss nicht immer alles von allen entschieden werden. Aber selbst in einem hierarchisch organisierten Ensemble mit Geschäftsführung und künstlerischer Leitung werden sich die Chefs hin und wieder den Rat der Spieler holen.

Eine beliebte Methode für die Entscheidungsfindung ist das sogenannte *Brainstorming.* Dabei geht es darum, so viele Gedanken und Ideen wie möglich zu generieren. Jede Idee ist zulässig, wie abwegig sie auch im ersten Moment erscheinen mag. (Im Bild der bereits erwähnten Disneymethode befinden wir uns hier alle im Träumer-Modus.) In der Phase des Brainstormings ist Kritik nicht erlaubt, denn es geht erst einmal nur darum, eine Vielzahl von Ideen zu erzeugen. Die Annahme dabei ist, dass man sich in einer Runde, in der jeder seine Vorschläge einbringt, gegenseitig zu neuen Ideen beflügelt. Tests zeigten aber, dass sich in Brainstorming-Runden die Teilnehmer meist eher gegenseitig blockieren als beflügeln, vor allem dann, wenn Einzelne mit der Materie eher vertraut waren als andere. Diesen Blockier-Effekt kann man aufheben, indem man den Teilnehmern erlaubt, sich vorher separat hinzusetzen und ihre eigenen Ideen zu sammeln, um sie *anschließend* zusammenzubringen. So ist die Wahrscheinlichkeit höher, dass sich in der Zusammenführ-Runde noch weitere Ideen ergeben.[41]

Entscheidend ist, dass wir im Prozess der Sammlung noch keine der Ideen verwerfen, denn noch der abstruseste Vorschlag kann weitere fruchtbare Ideen anregen. Angenommen, ihr sucht einen neuen Auftrittsort. Dann ist es wahrscheinlich, dass es an jedem Vorschlag etwas zu meckern gibt: Entweder ist die Miete teuer oder die Verkehrslage ist nicht ideal oder die Akustik eher mittelprächtig. Das heißt, ihr müsst so oder so abwägen und Abstriche machen. Aber um am Ende keinen faulen Kompromiss einzugehen, müsst ihr euch der Alternativen bewusst sein.

Der Phase des Brainstormings schließt sich die Phase des *Realismus* und der *Kritik* an.

Der *Realist* fragt: „Was ist überhaupt theoretisch umsetzbar?" Wenn euch, um im Beispiel zu bleiben, ein Theater nur den Sonntagabend als Auftrittstermin anbietet, an dem aber zwei eurer Mitglieder regelmäßig arbeiten müssen oder wenn ihr als Amateurgruppe pro Abend 2.000 Euro Miete zahlen sollt und dabei froh seid, wenn 30 Zuschauer zu eurer Show kommen, dann sind diese Ideen realistischerweise rasch vom Tisch. Wir eliminieren im „Realisten-Schritt" also nur die *völlig* aussichtslosen Optionen.

Als *Kritiker* schauen wir uns die möglichen Probleme genauer an. Dafür müssen wir wissen, worauf es uns ankommt. Oft reduzieren sich dann die verbleibenden Alternativen sehr schnell auf eine Handvoll, die man dann ergebnisoffen und respektvoll diskutieren kann.

Brainstorming ist im Übrigen eine etwas diffizile Methode für kreative Neu-Entwicklungen, insbesondere Impro-Formate. Die meisten mir bekannten Formate wurden allein bzw. in Zweier-

---

[41] Eine andere Möglichkeit, die gegenseitige Blockade im Brainstorming zumindest ansatzweise aufzuheben, ist das sogenannte „Brainwriting". Dabei werden die Ideen in einer Cloud oder einem Online-Dokument gesammelt, was noch den großen Vorteil hat, dass jeder von zuhause arbeiten kann.

Konstellationen geschaffen. Die Gruppe besorgte später den Feinschliff des Formats.

Das Problem ist: Als Einzelperson hast du klar vor Augen, in welchem Modus du dich gerade befindest. Du kannst auch recht schnell zwischen den Ebenen hin und herspringen. Wenn dir zum Beispiel im dritten Gedanken die Notwendigkeit der Korrektur einer Prämisse klar wird, kannst du das rasch abändern, während hier eine Gruppe eher einem großen Kahn gleicht, der nur langsam gesteuert werden kann, da sich niemand übergangen fühlen darf.

Es gibt natürlich auch hier Ausnahmen. Wenn die Gruppe im guten Flow ist, wenn sie sich in einer gut funktionierenden Probe befindet und aus diesem Gemeinschafts-Flow heraus der Samen einer Idee gelegt wird, dessen Potential *alle gleichermaßen* erkennen, dann kann man sich sehr gut auch als Gruppe in den verschiedenen Modi bewegen und die Kreativität entsprechend fließen lassen. Wenn die Gruppe jedoch eher heterogen ist, die Mitspieler sich tendenziell für verschiedene Dinge interessieren oder auch wenn es zeitweise Spannungen in der Gruppe gibt, ist es nicht ratsam, kollektiv an so etwas Komplexem wie der Format-Entwicklung zu basteln.

5.1.3   Offen für und konstruktiv mit Ideen

Nehmen wir an, eine Spielerin, die die Leitung der Probe übertragen bekam, schlägt vor, ein Format zu entwickeln, das um das Thema Einsamkeit kreist. Wenn ihr in der Probe seid, kommt es nun darauf an, jegliche Skepsis beiseite zu räumen bzw. die Energie der Skepsis in positive kreative Energie umzuwandeln. und Au ja! zur Idee zu sagen. Ob am Ende dabei etwas Verwertbares herauskommt, ist zweitrangig, da ihr im Ausprobiermodus seid.

Man stelle sich nun aber vor, bei einem Treffen, das ihr auf zwei Stunden veranschlagt habt und auf dem verschiedene organisatorische Themen besprochen werden sollen, schlägt die Spielerin vor, so rasch wie möglich den Auftrittsort (in dem ihr euch alle wohlfühlt) zu wechseln, und zwar „der Abwechslung halber". Es ist klar, dass die Spielerin hier zu Recht auf Skepsis stoßen würde. Ein Au ja!-Spiel in diesem Rahmen würde letztlich dazu führen, dass man sich völlig verzettelt. Andere Themen könnten nicht besprochen werden. Andererseits wissen wir als Improvisierer auch, dass man manchmal nicht ahnt, welches Potential hinter einer noch so absurd anmutenden Idee stecken kann. Entscheidend ist hier zweierlei:

1. Habt eine Gesprächsleitung.

Die Aufgabe der Gesprächsleitung besteht vor allem darin, auf einen effizienten, vor allem aber fairen Verlauf der Diskussion zu achten. Sie sollte sich selbst nur wenn nötig in die Debatte einbringen. Die Gesprächsleitung sollte darauf achten, dass sich Diskussionen nicht verzetteln, eventuell Entscheidungen forcieren und den Diskussionsstand zusammenfassen. (Die Entscheidungen der Gesprächsleitung sollten nur in absoluten Ausnahmefällen in Frage gestellt werden.) So bekommt die Gesprächsleitung die Rolle einer sachlichen Autorität.

2. Begegnet auch (scheinbar) abstrusen Vorschlägen mit einem Mindestmaß an Offenheit.

Manchmal sieht man im laufenden Geschäft den Wald vor Bäumen nicht. Schmettert also einen solchen Vorschlag nicht völlig ab, sondern behandelt ihn zumindest höflich. Wenn meine Vorschläge wiederholt abgeblockt werden, wird die Chance geringer, dass ich weiterhin Gedanken einbringe. Seid also wohlwollend und fragt behutsam nach.

Bei einem seltsamen Vorschlag wie dem, schnell den Spielort zu wechseln, könnte die Gesprächsleitung der Spielerin mit der Idee zumindest die Gelegenheit geben, diese kurz vorzustellen und darüber abzustimmen, ob man jetzt gleich darüber reden will oder wenigstens zum nächsten Treffen oder per E-Mail eine klarere Begründung zu liefern.

5.2   Gruppen-Rituale

5.2.1   Positiver Ein- und Ausklang

Was ihr auch gemeinsam macht, ob Probe, Besprechung oder Auftritt. Beginnt gemeinsam und beginnt positiv!

- **Beginnt gemeinsam.**
  Die bereits erwähnte Pünktlichkeit ist nicht zu unterschätzen. Eine Probe ist etwas anderes als eine lockere Verabredung am Badesee. Wie wollt ihr *gemeinsam* starten, wenn einer fehlt? Natürlich kann es auch mal absolute Notfälle geben, aber wenn ihr den Satz „Fangt schon mal ohne mich an" bei jeder dritten Probe hört, habt ihr als Gruppe ein Problem.
- **Positiv heißt positiv.**
  Positivität ist mehr als nur eine ausgelassene heitere Stimmung untereinander. Positivsein bedeutet auch, auf Lästereien und Sarkasmen zu verzichten. Ob man will oder nicht, Lästereien und Sarkasmen hinterlassen ihre Spuren – in den Gedanken der Spieler und letztlich auch im Spiel auf der Bühne.
- **Setzt einen klaren Anfang.**
  Wenn zwei Spieler schon mal die Themen der Probe besprechen, während einer noch isst, ein anderer vor der Tür noch eine Zigarette raucht und ein weiterer Spieler SMS verschickt, dann habt ihr noch keinen klaren Anfang. Erst wenn ihr physisch und geistig beisammen seid, fangt ihr an.

Wie euer Anfangsritual genau aussieht, ist letztlich fast egal. Ihr könnt dreißig Sekunden gemeinsam schweigen um „anzukommen". Jeder könnte etwas Positives erzählen, was er oder sie heute erlebt hat. Oder ihr beginnt mit einem superkurzen Impro-Game. Das Anfangsritual setzt ein Zeichen von „Jetzt geht's los!" Ein verschmierter Start in die Probe, das Gespräch oder die Show-

Vorbereitung tut selten gut. Die einen sind schon mitten dabei und nehmen die Langsameren als Bremse wahr, während die anderen noch gar nicht richtig angekommen sind und sich gehetzt oder abgehängt fühlen. Wer mit dem Essen beschäftigt ist oder das Handy auf Empfang lässt, ist nicht richtig bei der Sache. Ebenso wenn man zwischendurch immer wieder in Smalltalk oder Anekdotisches abgleitet. Und umgekehrt bewirkt das „Durchpeitschen" eines Gesprächs oder des Warm Ups nur das Gegenteil

Die Positivität des Starts erhöht die Wahrscheinlichkeit, dass ihr an einem Strang zieht. Die Show und ihr Warm Up werden als Gemeinsamkeit wahrgenommen. Selbst ein Gespräch über eher trockene Themen wie Finanzen oder Organisation lässt sich leichter durchstehen, wenn alle wissen: Wir machen das hier gemeinsam.

Dasselbe gilt fürs Ende. Findet einen gemeinsamen Schlusspunkt. Gruppengespräche, bei denen nach und nach die Mitglieder verschwinden, weil sie andere Termine haben, lassen die Gruppe zerfasern. Wer sich aus dem Warm Up vorzeitig ausklinkt, weil ihm die eine oder andere Übung weniger Spaß macht, zerstört ebenfalls den Schwung der Gemeinsamkeit. [42]

Eine positive Klammer sorgt außerdem dafür, dass man trotz heftiger Diskussionen und selbst Streits wieder zueinander findet. Das gemeinsame positive Ritual erinnert einen daran, dass man an derselben Sache arbeitet. Sonst kann es in einer Gruppe, die mit eifrigen Gemütern gesättigt ist, leicht geschehen, dass man sich am Ende wegen Lappalien wie der Hintergrundfarbe für ein Werbeposter oder der Anzahl der Freikarten zerstreitet.

Die Rahmung wird für jede Gruppe, je nach Größe und Temperament anders aussehen. Ich habe Ensembles erlebt, die ihre Proben mit einer fast religiös anmutenden Zeremonie beginnen und beenden. Andere starten mit einem gemeinsamen lächelnden

---

[42] Eine Ausnahme sind natürlich körperliche Gründe. Das ramponierte Knie muss man auch keinem Gruppenzwang opfern. Aber auch dann sollte man geistig anwesend bleiben, statt sich dem Smartphone zu widmen.

Ein- und Ausatmen im Kreis.[43] Einige lassen vor ihren Shows einen gemeinsamen Urschrei los, während die Meisten sich das theatertraditionelle Toi-toi-toi über die Schulter „spucken".

Ein positives Ritual ist auch *nach* einer Show wichtig, damit man gute Shows als gemeinsames Werk genießt und misslungenen oder durchwachsenen Shows nicht die Gelegenheit gibt, den Spirit der Gruppe zu ruinieren. Vielleicht haben sich ein oder zwei Spieler schlecht gefühlt, die anderen aber fanden's großartig. Beide Sichtweisen haben ihre Berechtigung, und der positive Abschluss trägt dazu bei, das gemeinsame Schaffen über das Ergebnis zu stellen, sich also am Prozess statt am Produkt zu orientieren. Lobt einander, seid freundlich. Findet ein Ritual, dass alle einschließt.

5.2.2   Die Quartals-Weihnachtsfeier

Warum gibt es in Unternehmen die Weihnachtsfeier? Doch nicht, um andächtig die Geburt Jesu zu feiern. Weihnachtsfeiern schweißen zusammen, weil es Ereignisse außerhalb des regulären Geschäftsprocederes sind.

Auch in einer Improvisationstheater-Gruppe ergeben sich so wie in anderen Arbeits-Teams im Laufe der Zeit Routinen. Man spielt seine Shows, man probt seine Proben, fährt ab und zu auf Festivals, und wer es professioneller betreibt, unterrichtet Improvisation oder tritt für Firmen auf. All das wird irgendwann zur (hoffentlich angenehmen) Gewohnheit. Um den inneren Zusammenhalt der Gruppe zu stärken, ist es wichtig, dass man sich ab und zu gemeinsame Nicht-Impro-Erlebnisse organisiert. Gerade in der euphorischen Anfangszeit wird das manchmal quasi automatisch sowieso passieren. Man mag sich, besucht die Auftritte anderer Gruppen, verreist vielleicht sogar gemeinsam übers Wochenende, aber schnell kann es geschehen, dass die spontane Lust darauf

---

[43] Bei dieser Gruppe hatte ich den Eindruck, dass das nicht einmal ein geplantes Ritual war, sondern es hat sich einfach im Laufe der Zeit so ergeben.

versiegt bzw. die Terminkalender dichter besetzt sind. Ein bisschen Planung hilft hier den allzeit spontanen Improvisierern.

Die Berliner Lesebühne „LSD – Liebe Statt Drogen" veranstaltete interne *Quartals-Weihnachtsfeiern*. Die Künstler trafen sich mal zum Bowling, mal gingen sie ins Konzert, mal deklarierten sie die Umzugshilfe für einen Autor „LSD – Leser Schleppen Dinge" zur Weihnachtsfeier. Entscheidend ist nämlich: Ebenso wie bei den bereits besprochenen Anfangs- und Schluss-Ritualen müssen diese „Feiern" nicht einmal besonders feierlich-erhaben sein, sondern können völlig profan bleiben wie bei der Umzugshilfe.[44] Die *Quartals-Weihnachtsfeier* bedeutete aber auch, dass die Gruppe erkannt hatte, dass es nicht genügt, sich lediglich einmal pro Jahr außerhalb der Shows zu treffen. Um den Kohäsions-Effekt aufrechtzuerhalten, feierten sie eben vier Heilandgeburtstage pro Jahr.

5.3 Kommunikationskanäle

Haben wir bisher Stil und Inhalt der Kommunikation betrachtet, so geht es nun um die Kommunikationskanäle. Wann schreibe ich eine E-Mail, wann ist ein Gruppentreffen nötig, wann muss ich jemanden anrufen?

Die Wahl des Kommunikationsmittels ist alles andere als banal. Meine Normalität ist nicht deine Normalität. Verschiedene Präferenzen und Kommunikationsgewohnheiten müssen aufeinander abgestimmt werden. Außerdem muss man einen Kompromiss zwischen so verschiedenen, sich widerstreitenden Werten wie Effizienz, Gruppendemokratie, Zeitbudgets und Bedürfnissen nach persönlicher Kommunikationsnähe treffen.

---

[44] Manche Manager-Seminare bestehen darin, für ungeheure Summen gemeinsame Survival-Touren zu machen. Helft einander lieber beim Umzug, denke ich dann. Spart das Geld, habt eine angenehme Erfahrung, tut etwas Gutes füreinander und schweißt die Gruppe zusammen.

5.3.1 Gruppendiskussionen

Demokratische Gruppen brauchen Gruppendiskussionen. Aber auch hierarchisch organisierte Gruppen kommen nicht umhin, sich zumindest gelegentlich zu treffen und auszutauschen.

In demokratischen Gruppen gibt es eine Handvoll Themen, über die sinnvollerweise nur in physischer Nähe diskutiert werden kann. Das betrifft vor allem künstlerische Themen, die einer Debatte bedürfen, aber auch längerfristige Planungen und grundlegende Entscheidungen wie über neue Mitglieder, Spielorte usw. Themen dieser Art lassen sich nur schlecht per Gruppen-E-Mails besprechen. Man braucht das unmittelbare Gegenüber. Man will sich nicht tagelang Argumente und Gegenargumente hin und her schieben.

Auch bestimmte heikle Themen erfordern Anwesenheit. Eine versöhnliche Geste, ein Lächeln und das Gefühl, etwas gemeinsam zu schaffen, wie es nur in der unmittelbaren Interaktion möglich ist, lassen sich per E-Mail oder durch eine mit Emojis angereicherte Messenger-Nachricht nicht oder kaum ersetzen.

Der große Vorteil von Gruppendiskussionen, nämlich die gemeinsame Anwesenheit, ist auch ihr großer Nachteil: Es *müssen* in der Regel alle anwesend sein. Dass das für Menschen mit Kindern oder einem Vollzeitjob ein Problem sein könnte, sollten sich Spieler, die über ein üppiges oder flexibles Zeitbudget verfügen, vor Augen halten. Überhaupt: Wer in Büros als Angestellter arbeitet, ist meistens mit Teamsitzungen übersättigt und hat nur begrenzten Appetit auf ausufernde Debatten.

Bei Gruppendiskussionen ist daher zu beachten:

- **Sorgt für eine straffe Moderation.**
  Debatten können zerfasern, wenn alle Teilnehmer ihre Argumente andauernd wiederholen. Gute Gesprächs-Moderatoren können hier den Stand der Debatte zusammenfassen. Sie erkennen, wieviel Diskussion ein Thema braucht und wann es an der Zeit ist zu entscheiden oder abzustimmen.

- **In der Diskussion sind alle gleich.**
  Auch wenn die Diskussion straff geführt wird, sind hier alle gleich. Jeder hat das Recht, gehört zu werden und seine Meinung frei zu äußern. Niemand sollte die Diskussion dominieren, niemand sollte eingeschüchtert werden.[45]
- **Begrenzt die Anzahl der Themen eines Treffens.**
  Meistens schafft man doch weniger als man erwartet. Zwei bis drei Stunden sind das Maximum. Was darüber hinausgeht, sorgt meist nur für Müdigkeit und Frust. Entscheidet vorher, *welche* Themen wirklich in der Gruppe diskutiert werden müssen. Was kann eher per E-Mail oder zwischen den Verantwortlichen geklärt werden?
- **Bleibt nett.**
  Gruppendiskussionen sind oft auch ein Forum zum Austesten von neuen Ideen. Seid euch also stets darüber im Klaren, dass ihr für dieselbe gute Sache – nämlich eure Improvisation kämpft. Auch im Dissens gibt es die Übereinkunft, dass die Gruppe gemeinsam an einer Sache arbeitet, ein Problem löst, einen Plan erarbeitet, Prinzipien findet, auf die sich alle verständigen können oder wenigstens einen Diskussionsstand für weitere Diskussionen findet. Widerspruch, Kritik und Gegenargumente sind erlaubt, sollten aber höflich, ruhig und an der Sache orientiert bleiben.

Eine Möglichkeit, Zeit und Wege zu ersparen oder Mitglieder zu integrieren, die wegen Dienstreisen oder ähnlichem nicht dabei sein können, sind Telefon- und Videokonferenzen. Bei allen offensichtlichen Vorteilen gibt es doch auch Nachteile, derer man sich zumindest bewusst sein sollte:

---

[45] Wenn du weißt, dass du dazu neigst, zu dominieren und viel zu reden, dann probier's mal mit Tiefstatus: Das eigene Gesicht in die Hände nehmen, sich etwas klein machen, weniger Raum einnehmen. Das wird deine Impulse bremsen und du wirst weniger dominant wahrgenommen. Umgekehrt: Wenn du merkst, dass du nicht gehört wirst oder nicht drankommst, befreie dich und gehe in einen (selbstverständlich freundlichen) Hochstatus: Öffne deine Körperhaltung, nimm dir ein bisschen mehr Raum, sprich ruhig.

- Die physische Anwesenheit kann nur ansatzweise nachgebildet werden.
- Ab einer bestimmten Teilnehmerzahl wird die Videokonferenz unübersichtlich. Ich würde daher raten, höchstens ein oder zwei Teilnehmer zuzuschalten.
- Urlaub und Krankheit sind legitime Auszeiten – auch für Impro. Respektiert das.

5.3.2   Die Wahl des Mediums

Machen wir uns nichts vor. Wir sind durch unsere Kommunikationsmedien und -kanäle geprägt. Die Selbstverständlichkeiten ändern sich je nach beruflichem und sozialem Umfeld, Alter und persönlichen Vorlieben.

Entscheidend ist, dass bestimmte Informationen in bestimmten Zeiten ankommen. Wenn du der SMS-Verschicker bist, der nur alle drei Tage seine E-Mails liest, dann nutzt es überhaupt nichts, wenn ich dir am Abend vor dem Auftritt eine E-Mail mit der Nachricht schicke, dass ich mit Grippe im Bett liege und nicht auftreten kann.

Einigt euch für verschiedene Anliegen auf das jeweilige Medium. Seid euch über die Perspektive des Empfängers im Klaren. Je kurzfristiger und dringender die Information ist, umso wichtiger ist es, dass ihr euch per Rückmeldung absichert, also per Telefon, Bestätigungs-SMS oder Whatsapp-Häkchen.

5.3.3   E-Mails

Bearbeitet eure E-Mails

E-Mails sind ein großer Segen für die Kommunikation innerhalb einer Gruppe. Im Gegensatz zu Chat-Foren, Whatsapp-Gruppen und ähnlichem sind sie nachhaltiger, vorausgesetzt, man bearbeitet sie richtig.

Gruppen-E-Mails können wir am besten nutzen für Informationen, kurze Befragungen sowie Themen, von denen absehbar ist, dass die Diskussion sich nicht zu lange hinziehen wird und keine physische Anwesenheit notwendig ist. Auch längere Ausführungen sind in E-Mails möglich, besonders wenn es um Konzepte, Gedanken und Pläne geht, die Zeit benötigen, um verdaut zu werden.

Die wichtigste Voraussetzung, dass E-Mail-Kommunikation funktioniert, ist, dass E-Mails *bearbeitet werden*. Wer E-Mails nur per Smartphone liest, bearbeitet sie oft nicht, sondern liest sie in der Regel irgendwann „zwischendurch" und antwortet eher impulsiv statt zuverlässig.

Legt füreinander fest, wie schnell E-Mails beantwortet werden sollen. In einigen Jobs ist das Abrufen privater E-Mails entweder nicht erwünscht oder auch gar nicht möglich. 24 Stunden ist meist eine angemessene Frist.

Begrenzt die E-Mail-Flut

Ähnlich wie in Gruppendiskussionen ist es eine Frage der Höflichkeit, die Zeit der anderen zu respektieren, was hier bedeutet, die E-Mail-Flut einzudämmen.

- **Schränkt den Empfängerkreis ein.**
  Wenn ich zum Beispiel an einem neuen Feature für unsere Website bastle und von zwei Software-Experten in unserer Gruppe Hilfe brauche, muss das nicht jedes Mitglied der die gesamte Gruppe lesen, sondern nur diese beiden.
  Ein offizieller Dank per E-Mail an ein Mitglied, das etwas Besonderes geleistet hat, ist zwar etwas sehr schönes, aber wenn unsere Gruppe aus zwanzig Mitgliedern besteht, dann werden zehn lieb gemeinte Dankes-Mails für alle anderen schnell zur Last.
- **Nicht-Antworten definieren.**
  Um effizient zu bleiben, kann man sich darauf verständigen, dass eine Nicht-Antwort innerhalb eines bestimmten Zeitabschnitts als „Ja" gewertet wird. Wenn jemand also den Ent-

wurf für das neue Plakat herumschickt, dann braucht er nicht zwanzig OKs abzuwarten, sondern nur darauf, ob es innerhalb von 24 Stunden ein Nein gibt, und alle anderen werden von weiteren wegzuklickenden E-Mails verschont.

Stil

Ein Problem, das es seit Beginn der massenhaften E-Mail-Kommunikation gibt, ist, dass E-Mails tendenziell wie gesprochene Sprache verfasst, aber wie Briefe gelesen werden. Das heißt, dass sich freundliche Ironie schlechter vermitteln lässt, dass Flapsigkeit als Grobheit gelesen wird und Andeutungen untergehen.

Nehmt euch also Zeit beim Schreiben der E-Mails. Seid freundlich und klar. Wenn es gar nicht ohne Ironie geht, dann nutzt das ;-) Smiley, denn dafür wurde es erfunden.

Das Thema Netiquette ist so breit, dass ganze Bücher darüber verfasst wurden. Die wichtigste Grundregel picke ich heraus: Antworte auf E-Mails, die dich ärgern, nie sofort.

5.3.4 Cloud-Systeme

Online-Kalender und Online-Terminplaner

Sobald ihr wenigstens zu viert seid, lohnt es sich, Termine, wie Gruppendiskussionen, Proben, Ausflüge usw. online zu planen. Das derzeit bekannteste Programm ist Doodle (aber es gibt auch Alternativen). Online-Terminplaner sind meist einfach zu bedienen und ersetzen zermürbendes Hin- und Hertelefonieren oder Mailen. Zu beachten ist hier nur: Wer die Umfrage startet, muss am Ende die Verantwortung übernehmen, den Termin festzulegen.

Ein Online-Kalender ist sinnvoll, wenn sich verschiedene unregelmäßige Termine häufen oder Besetzungslisten variieren.

Online-Dokumente und -Tabellen

Dokumente und Tabellen, die man gleichzeitig bearbeiten kann, eignen sich hervorragend für gemeinsame Aufgaben.

- gemeinsame Gedächtnisprotokolle von Shows, Sitzungen usw.
- Sammlungen von Übungen, Games und Formaten
- gemeinsame Storys erschaffen, usw.
- Kalender-Funktion der Tabelle
- Besetzungslisten, Kalkulationen usw.
- Brainwriting für Impro-Formate

Während Online-Dokumente in wissenschaftlichen und Geschäfts-Zusammenhängen inzwischen weit verbreitet sind, hadern andere noch damit und betrachten das als nerdige Kompliziertheit. Wenn du diejenige Person bist, die das Nutzen von Online-Dokumenten vorschlägt, dann sei dir über etwaige Vorbehalte im Klaren. Technik, der mit übergroßer Skepsis begegnet wird, wird am Ende nicht genutzt. Überzeuge sanft oder lass es sein.

5.3.5 Messenger-Dienste

Zum Zeitpunkt, da dieses Buch verfasst wird, sind Messenger-Dienste wie Whatsapp, Telegram und Facebook-Messenger dabei, die alte SMS ganz abzulösen und außerdem der E-Mail den Platz streitig zu machen. Die Vorteile liegen auf der Hand: Die Dienste sind im Grunde permanent verfügbar, de facto gratis, es lassen sich Gruppen erstellen und rasch Entscheidungen treffen.

Es gibt aber auch große Nachteile gegenüber der E-Mail: Nachrichten lassen sich (zumindest auf dem derzeitigen technischen Stand) nur schlecht ordnen. Abgearbeitetes liegt neben noch zu Erledigendem und rutscht in Vergessenheit. Für langfristige organisatorische Fragen sowie für längere Diskussionen sind daher E-Mails deutlich im Vorteil. Am besten lassen sich Messenger-

Dienste, die ja im Grunde erweiterte Chatrooms sind, immer noch für kurze Absprachen nutzen.

5.3.6   Lass uns reden, reden, reden. Wenn weniger Kommunikation mehr ist

In Beziehungen wie in Arbeitszusammenhängen scheint es die unausgesprochene Regel zu geben, dass mehr Kommunikation besser ist. Und auf den ersten Blick scheint das auch genau das richtige Rezept zu sein, wenn Probleme auftauchen. Manchmal ist aber die Kommunikation selbst das Problem.

- **Lasst kleine Probleme klein.**
  Wenn ihr verschiedene Meinungen zur T-Shirt-Farbe bei euren Auftritten habt, dann hilft es dem Gruppenklima wenig, das immer wieder zu thematisieren und das Ganze zur persönlichen Streitfrage eskalieren zu lassen. Über Manches gibt es eben keinen Konsens. Widmet euch dem Wichtigen.
- **Habt keine Scheu vor Entscheidungen.**
  Vor allem in demokratischen Gruppen ist eine Scheu vor Einzel-Entscheidungen zu beobachten. Wenn du zum Beispiel für die Finanzen verantwortlich bist, ist ein regelmäßiges Update über die Gruppenkasse angebracht, aber es muss nicht über jeden gekauften Bleistift abgestimmt werden. Umgekehrt beweise man denjenigen, die Verantwortungen übernommen haben, so viel Vertrauen, dass nicht jede Minimalhandlung abgesegnet werden muss.

Nur wenn das Ausmaß an Diskussionen, sei es in E-Mails oder von Angesicht zu Angesicht, nicht überhandnimmt, lässt sich auch die Freude an demokratischen Entscheidungen aufrechterhalten.

5.4   Grüppchenbildung

Es ist eine alte Erkenntnis der Gruppensoziologie: Je größer die Gruppe ist, umso wahrscheinlicher ist es, dass sich Untergruppen bilden. Gruppen von mehr als zwölf Personen werden vom Individuum nicht mehr als Gruppe wahrgenommen, sondern als Organisation. Das heißt für große Impro-Gruppen aber nicht notwendigerweise, dass sie die Anzahl ihrer Spieler künstlich beschränken müssen. Man muss sich nur über die Potentiale und Risiken klarwerden.

5.4.1   Künstlerische Interessen

Je größer die Gruppe, umso wahrscheinlicher ist es, dass sich die Spieler in ihren Interessen unterscheiden. Selbst wenn ihr euch gefunden habt, um ein gemeinsames künstlerisches Ziel (zum Beispiel narrative Langform) zu verfolgen, so ist es doch ziemlich wahrscheinlich, dass sich über kurz oder lang weitere Interessengruppen herausbilden, die Eigenes (zum Beispiel Musical) ausprobieren wollen.

Fragt euch daher: Wollt ihr der künstlerischen Untergruppe die Möglichkeit geben, unter dem Dach der Großgruppe ihre Interessen auszuleben oder präferiert ihr die Ausgründung eines eigenen Projekts?

Beides hat Vor- und Nachteile. Wenn ihr der Untergruppe erlaubt, ihr Projekt im Rahmen der Großgruppe durchzuführen (das heißt auch: ihren Namen, ihre Werbekanäle und sonstigen Ressourcen zu nutzen), dann erreicht ihr eine stärkere Bindung. Möglicherweise profitieren auch andere Mitglieder von den neuen künstlerischen Impulsen. Eventuell sind aber auch Spannungen vorprogrammiert, wenn sich die Untergruppe von den anderen abgrenzt.

Bei einer Ausgründung besteht die Gefahr, dass sich das Projekt verselbständigt und man die Mitspieler verliert, insbesondere wenn das Projekt erfolgreich ist. Die Gefahr ist real, kann aber verringert werden, wenn es gelingt, die Untergruppe weiterhin zu binden.

Letztlich sind Impro-Spieler in der Regel freie Künstler, und können tun und lassen, was ihnen gefällt. Wenn du zur „Ausgründergruppe" gehörst, bedenke, ob es nicht vorteilhafter ist, deine künstlerischen Interessen in der großen Gruppe umzusetzen, da manche Projekte nicht übers Versuchsstadium hinausgehen. Hier bietet dir die Großgruppe ein Netz, um weich zu fallen.

5.4.2 Freundschaften, Cliquen und das Lästerverbot

Nicht alles, was ein paar Leute in einer Gruppe machen, muss von allen geteilt werden. Wenn sich von zwanzig Spielern acht zum regelmäßigen Volleyballspielen treffen, so ist das keine Herausforderung für die Gruppe. Wenn sich vier finden, die ab und zu ein Bier trinken gehen wollen, und zwar ohne die anderen, ist das völlig in Ordnung. Freundschaften fördern den inneren Zusammenhalt der Gesamtgruppe.

All das ist kein Problem, solange ihr nicht lästert. Das ist manchmal leichter gewollt als getan. Man beginnt harmlos mit einem Geplauder über die letzte Show, analysiert ein paar Szenen, lacht miteinander und stellt fest, dass Martin recht häufig die Angebote seiner Mitspieler blockiert hat, dass er das sowieso recht häufig tut, dass er überhaupt in letzter Zeit ganz schön negativ ist, dass er ja zu den Spielern gehört, mit denen man nicht so gern auf der Bühne steht. Und unser Martin? Der kann sich nicht einmal dazu äußern.

Lästern ist eine leichte Form der Kommunikation. Man kritisiert, ohne die Konsequenzen einer Kritik, nämlich die Gegenrede, spüren zu müssen. Die Kritik muss dann nicht einmal konstruktiv sein. Es genügt ja, wenn wir alle über Martin herziehen und unsere Clique über unsere Ablehnung von Martin zusammenschweißen. Ob die gerade anwesende Sonja ebenfalls häufig auf der Bühne blockiert oder manchmal zum Stinkstiefel wird, muss man nicht debattieren, da es sich ja gerade so herrlich über Martin lästern lässt.

Studien von Soziologen und Psychologen zeigen, dass Lästern kurzfristig gut tut: Man teilt miteinander Vertraulichkeiten, redet sich den Frust von der Seele und weiß sich verstanden. Aber auf lange Sicht zerstört es die Gruppe, da man einander nicht mehr vertrauen kann.

- Lästern zerstört den Ruf des Gelästerten.
- Lästern zerstört die Persönlichkeit des Lästernden.
- Lästern zerstört die Gruppe.

5.5 Männer und Frauen

Das Männer-Frauen-Verhältnis im Show-Geschäft ist ziemlich verzwickt. Noch in den 1990er Jahren waren Frauen in der deutschen Comedy eher eine Seltenheit. Das hat sich allmählich geändert. Nach meiner Beobachtung überschreitet die Anzahl von Männern im deutschsprachigen Improtheater die der Frauen, wenn überhaupt, nur noch knapp[46].

Diese Tendenz wird aber ausgebremst durch ein anderes Phänomen: In Impro-Workshops ist die Zahl der teilnehmenden Frauen meistens deutlich höher als die der Männer. Der Drang der Teilnehmer auf die Bühne (oder auch umgekehrt: das Desinteresse aufzutreten) ist bei beiden Geschlechtern ungefähr gleich. Aber sobald es ernst wird, nämlich wenn eine Gruppe gegründet werden soll, wenn sich Gruppenstrukturen abzuzeichnen beginnen, dreht sich das Verhältnis oft um.

Über die Gründe lässt sich nur spekulieren, solange keine empirischen soziologischen Untersuchungen dazu vorliegen.

---

[46] Zum Zeitpunkt der Niederschrift dieses Buchs zählte ich den Anteil der Frauen in zwölf größeren Berliner Impro-Gruppen und kam auf 42 Prozent. Ich gehe davon aus, dass sich das in den kommenden Jahren noch mehr angleicht oder dass sich das Verhältnis sogar umdreht.

5.5.1 Geschlechter-Rollen

Das Feld der Geschlechter-Rollen und des Sexismus ist in Impro-Ensembles rutschiger als eine Eisbahn und schwierig zu behandeln. Einerseits braucht man in der Improvisation den Freiraum, Fehler zu machen, zu scheitern und auch ein thematischer Ausrutscher auf der Bühne darf nicht zu persönlich genommen werden. Andererseits ist man gegenüber Sexismen zu Recht sensibler geworden.

Dabei sollten wir unterscheiden zwischen dem, was auf der Bühne geschieht und den Geschlechter-Beziehungen innerhalb der Gruppe.

Auf der Bühne und während der Probe herrscht im Improtheater zunächst eine gewisse Großzügigkeit gegenüber Klischees. Wer stets frei von Klischees gespielt hat, werfe den ersten Stein. Wenn man sich aber mit einem wiederholt produzierten Klischee unwohl fühlt, kann das getrost in einem ruhigen Feedback-Moment angesprochen werden, so dass man sich über die Befindlichkeiten untereinander austauschen kann. Solch ein Gespräch muss nicht moralisiert werden. Gute Impro-Spieler wollen immer lernen, ihre Figuren vielschichtiger anzulegen. Also kann man Veränderungswillen sicherlich voraussetzen.

Im Übrigen liegen die meisten Lösungen im Improtheater auf der Bühne. Wer also bemerkt, immer wieder in Klischee-Figuren geschoben zu werden, muss das nicht in aufwendigen Gesprächen „klären", sondern kann einfach mal versuchen, schneller zu sein. Wenn du als Frau zum Beispiel bemerkst, dass du wiederholt als Dummchen etabliert wirst, dann sei beim nächsten Mal schneller und sei die Chefärztin, Gräfin, Raumschiffkommandantin.

Was die Gruppendynamik selbst betrifft, ist die Frage natürlich viel schwieriger. Wenn sich im Laufe der Zeit Hierarchien ausbilden sollten, ist das nicht unbedingt ein Ausdruck von Chauvinismus. Gleichwohl könnte es zur Schieflage kommen, wenn etwa die Jungs nach den Proben noch Bier trinken gehen und Entscheidungen ohne die Damen getroffen werden.

In manchen Gruppen bildet sich im Laufe der Zeit eine Art hartbandagierter Insider-Humor aus. Abgesehen davon, dass Sarkasmen eine Abfederung durch gutmütige Scherze brauchen, so schleicht sich manchmal unbemerkt ein derart rauer Ton ein, dass einige Mitglieder nur noch schweigen oder ihren Frust durch Überbietungs-Wahn ventilieren. Lieber schnell die Notbremse ziehen. Besonders wenn euch eine bestimmte Sorte von Scherzen auf die Nerven geht, sagt schnell und ruhig Bescheid.

5.5.2 Familien-Auszeit und Eltern-Ausstieg

Sobald ein Kind in die Welt kommt, verändern sich die Prioritäten. Das ahnt man zwar schon, wenn die Geburt naht. Aber viele unterschätzen dann doch die emotionale Wucht, die nervlichen Strapazen und die zeitliche Belastung. Viele Mütter und Väter sagen sich, dass sie nach einer Auszeit von einigen Monaten rasch wieder ins Improvisieren einsteigen wollen. Aber in der Konsequenz gestaltet sich das oft schwieriger als erwartet, besonders dann, wenn es eine Amateur-Gruppe ist und mit dem Engagement fürs Impro kein Geld erwirtschaftet wird. Dann kommt es schon vor, dass man sich bei einer Moderations-Probe für die neue Show fragt, ob das jetzt wirklich „wichtiger" ist als die Anwesenheit zuhause bei einem kleinen Kind, das Zuwendung braucht. Und Frauen werden von diesen Zweifeln in deutlich höherem Maß geplagt als Männer.

In der Konsequenz verlängern junge Mütter bisweilen ihre Auszeit um ein paar Monate und steigen dann halbherzig und schlechten Gewissens wieder ein oder lassen Improtheater gar hinter sich.[47]

Es ist schwierig, für solche Situationen, die auch mit persönlichen Prioritäten zusammenhängen, Ratschläge zu geben. Ich will es trotzdem versuchen.

---

[47] Die Ausnahme sind Mütter in professionellen Gruppen sowie sehr junge Mütter. Unter letzteren habe ich welche kennengelernt, die ihre Babys während der Proben im Nebenraum schlafengelassen oder sogar mit auf Festivals genommen haben.

An die Eltern

- **Hab einen Plan,** wann du wieder einzusteigen beabsichtigst und kommuniziere ihn vorher. Höchstwahrscheinlich wird der Plan nicht hundertprozentig aufgehen. Aber das ist nebensächlich. Improtheater erscheint in den Wochen nach der Geburt des ersten Kindes als die unwichtigste Sache der Welt. Freude und Sorge um einen neuen Menschen nehmen unvermittelt die Priorität Nummer Eins ein. Der Wiedereinstieg in den Beruf steht wahrscheinlich auf Platz Zwei. Ohne Wiedereinstiegsplan geht das Hobby Improtheater im Meer der alltäglichen Notwendigkeiten unter.

- Lass den **Kontakt zu deinen Impro-Kollegen** nicht abreißen. Lade sie zu euch nach Hause ein. Als gute Impro-Kollegen sind sie im Ja-Sagen geübt, wenn du sie darum bittest, mal eine Besorgung für dich zu erledigen. Und nebenbei sorgt Impro auch mal für ein anderes Gesprächsthema als den Stuhlgang des Babys oder den günstigsten Zeitpunkt für die Kita-Eingewöhnung.

- Stell dich darauf ein, dass sich Impro beim Wiedereinstieg unter Umständen ungewöhnlich schwierig anfühlt. Wenn du schon nach einem halben Jahr oder früher einsteigst, musst du damit rechnen, dass dir auf der Bühne bisweilen die **Stilldemenz** einen Streich spielt.[48]

- Wenn du eine längere Auszeit nehmen willst, versuche, wenigstens ab und zu bei einer **Probe** mitzumachen, um den Kontakt zu erhalten und die Impro-Muskeln zu reaktivieren.

- **Sprich mit deinem Partner** über das Einordnen von Impro in deine Prioritätenliste, so dass er nicht aus allen Wol-

---

[48] Als Stilldemenz bezeichnet man geistige Aussetzer, die sich vor allem in Wortfindungsstörungen oder Assoziations-Staus äußern. Da sie hauptsächlich durch Schlafmangel und mangelnde Kommunikation mit anderen Erwachsenen verursacht wird, sind von der Stilldemenz auch Väter betroffen, wenn sie sich ähnlich wie die Mütter die Nächte um die Ohren schlagen und die Duzi-duzi-Gespräche mit dem Baby überhand nehmen.

ken fällt, wenn du ihn darum bittest, mal an einem Samstag-
nachmittag auf das Baby aufzupassen, wenn du zur Probe
willst.

- Bau **Impro in den Baby-Alltag** ein: Ja und! Scheiter heiter!
Im Moment sein!

An die Impro-Gruppen

- Schwangerschaft und Geburt sind kein längerer Schnupfen,
der irgendwann auskuriert ist. Stellt euch auf Veränderungen
ein und helft euren Mitspielerinnen und Mitspielern in ihrer
neuen Situation.
- Behandelt den Wiedereinstieg flexibel. Egal, was die Eltern
vor der Geburt versprochen haben, die Realität stellt ihre eigenen Forderungen.
- Für Profi-Gruppen: Gebt euren schwangeren Mitspielerinnen vor der Geburt noch mal die Möglichkeit, viel zu spielen, um die Mutterschaft finanziell abzupolstern.
- Erwartet auch auf der Bühne nicht zu viel. (Siehe oben:
Stilldemenz.)

5.6   Gruppen-Konflikte

5.6.1   Erwartungen an Nähe und Distanz

Ähnlich wie Liebespaare erleben Impro-Gruppen in ihren ersten
Monaten oft einen regelrechten Rausch der Gemeinsamkeit. Man
verbringt auch unabhängig von Improtheater viel Zeit miteinander,
es entstehen Freundschaften, man unternimmt sogar Reisen. Und
irgendwann nüchtert man aus. Einige Spieler sind durch berufliche
oder familiäre Verpflichtungen doch stärker gebunden als sie es
zunächst wahrhaben wollten und möchten deshalb die gemeinsame
Zeit aufs Eigentliche – das Improtheater-Spielen – begrenzen.
Andere merken, dass sie auf einer persönlich-freundschaftlichen

Ebene mit dem einen oder anderen Spieler doch nicht allzu viel zu tun haben wollen.

Die Herausforderung besteht darin, die Gruppe nicht mit zu hohen Erwartungen zu belasten. Besinnt euch auf das, was euch zusammengebracht hat: Improvisationstheater. Gemeinsam zu proben und aufzutreten ist eine ziemlich hohe Anforderung für jeden, auch wenn sich das zeitweise nicht so anfühlen mag. Eine Improgruppe ist zunächst ein *künstlerisches Team*, das, wenn es gut geht, ein gemeinsames Ziel verfolgt. Wenn ihr zehn Spieler seid, ist es relativ unwahrscheinlich, dass jeder Spieler zu jedem anderen Spieler eine innige Beziehung wie zu einem besten Freund aufbaut.

Was du aber von jedem Spieler erwarten kannst (und jeder Spieler auch von dir), ist professioneller Respekt im Umgang. Wenn wir einander respektvoll behandeln, können wir auch mit Spielern auf der Bühne stehen und eine befriedigende Show spielen, die uns persönlich eher weniger behagen.

5.6.2   Konflikte auf der Sachebene behandeln

Wenn Konflikte zur Sprache kommen, sollten wir uns so weit wie möglich auf die sachliche Ebene konzentrieren. Und die sachliche Ebene heißt in unserem Fall: Wie können wir miteinander angenehm Improtheater spielen?

Wenn ich sage „so weit wie möglich", so bedeutet das, dass natürlich auch Befindlichkeiten zur Sprache kommen dürfen, aber wir sollten unsere Erwartungen an die Beziehungsebene zügeln.

- Statt ein Problem zu einem Problemkomplex aufzublasen oder mehrere Probleme zu vermengen, hilft es, jedes Problem einzeln und für sich zu besprechen.
- Vermeidet Anschuldigungen und Verallgemeinerungen, auch wenn euch bestimmte Verhaltensmuster nerven. Es gibt stets auch die andere Perspektive. Wer mit Anschuldigungen und Verallgemeinerungen zugeschüttet wird, ist weniger bereit, sich zu verändern. Die typischen Reaktionen sind eher

Verteidigung, Gegenangriff oder Abschottung. Nichts davon bewirkt Veränderung.

- Formuliere Ich-Botschaften statt Anschuldigungen. Also statt „Du blockierst immer.", lieber: „Ich fühle mich von dir auf der Bühne manchmal nicht wahrgenommen."
- Ihr könnt selbstverständlich eure Erwartungen an bestimmte Verhaltensweisen formulieren, aber enthaltet euch jeglicher hobbypsychologischer Analyse, egal wie kompetent ihr euch dafür fühlt.
- Lernt, mit Differenzen zu leben. Wenn ein Spieler zum Beispiel der Meinung ist, in einer guten Impro-Show müsse auch ab und zu gesungen werden und ein anderer Spieler meint, das sei überhaupt nicht notwendig, dann wird man darüber keine objektive Entscheidung treffen können, da das ja Geschmacksfragen betrifft. Am Ende wird über solche Themen wohl abgestimmt und man muss lernen, damit zu leben, in Abstimmungen zu unterliegen.

5.6.3 Schwierige Spieler

Als Live-Künstler betreten wir einen Bereich, in dem wir unseren kreativen *Prozess* öffentlich machen (etwa im Gegensatz zum Schriftsteller oder Maler). Um im Improtheater wirklich frei spielen zu können, müssen wir uns öffnen und verletzbar machen. Das heißt aber auch, dass wir angreifbar sind. Manche Notwendigkeiten, etwa dass man fürs Warm Up vor der Show möglichst ungestört bleiben möchte, sind für Außenstehende nicht nachvollziehbar und erscheinen dann als Marotten. Aber tatsächlich gibt es auch Spieler, die ihre Nervosität und ihr unausbalanciertes Ego ins Schrullige treiben. Angst sucht sich wie Wasser stets seinen Weg: Einige neigen zur Überkontrolle und Dominanz, andere zu Rückzug und Unzuverlässigkeit.

Nun ist es zwar sinnvoll, sich als Gruppe auf ein paar Grundsätze des Miteinanders zu verständigen, zum Beispiel in Bezug auf

Zuverlässigkeit und Kommunikationsweise. Aber manchen Spielern gelingt es nicht oder nur schwer, sich diesen Regeln anzupassen. Manchmal spielen psychische Vorbelastungen oder Krankheiten eine Rolle. Als Gruppe muss man sich dann wohl ganz nüchtern fragen: Können wir mit diesem Menschen weiterarbeiten? Sind wir bereit, die Unwägbarkeiten, die mit diesem Verhalten verbunden sind, in Kauf zu nehmen oder ist es nötig, einen Schlussstrich zu ziehen?

Man kann hier für den Umgang mit solch unberechenbaren Spielern keine allgemeinen Regeln aufstellen. Am Ende muss es die Gruppe entscheiden. Die „Schwierigen" bringen nicht selten, vielleicht gerade durch ein gewisses Übermaß an Sensibilität den nötigen Schuss Wahnsinn in die Gruppe.

> Der im Jahr 2007 verstorbene Improvisations-Künstler Michael Stein war über viele Jahre Mitglied der Berliner Leseund Kleinkunstbühnen *Reformbühne Heim und Welt* und *Surfpoeten*. Er war der unzuverlässigste Kollege, den man sich vorstellen konnte. Wenn er keine Zeit hatte, sagte er nicht ab. Wenn er keine Lust hatte, kam er nicht zu den Vorstellungen. Er stand immer wieder mit einem Bein im Gefängnis. Er provozierte das Publikum und die Betreiber der Spielorte. Seine Improvisationen lappten ins politisch Bedenkliche. Und er überzog gnadenlos die Zeit mit seinen Beiträgen. Dennoch hielten seine Kollegen zu ihm, denn sie wussten, was sie an ihm hatten: Einen Stachel in der Seite, der sie stets neu herausforderte. Einen Künstler, der sie inspirierte. Einen Improvisierer, der die Routinen brach und die Gruppe lebendig hielt.

Es mag hart klingen, aber um dieses Abwägen kommt man nicht herum. Zwei Werte stehen einander gegenüber: Die Loyalität gegenüber dem extravaganten Mitglied und die Integrität der Gruppe.

> Daniels Impro-Gruppe war von den Konsequenzen seiner Unzuverlässigkeit und seiner Trunksucht so sehr erschöpft, dass sie ihm ein Ultimatum stellten: Du machst eine Thera-

pie, in der du deine Sucht angehst. Solange bist du ruhendes Mitglied. Sobald du die Krankheit einigermaßen wieder im Griff hast – egal wie lange das dauert – freuen wir uns, wenn du wieder mit uns spielst.

Es dauerte mehr als ein Jahr, bis Daniel den Alkohol überwunden und gelernt hatte, mit seinen manischen Schüben umzugehen. Aber seine Gruppe nahm ihn mit offenen Armen wieder auf.

Ihr müsst euch fragen: Gefährden wir durch die Loyalität und Nachgiebigkeit gegenüber einem Mitglied die ganze Gruppe? Wenn dieser Punkt erreicht ist, hilft nur, eine klare und klar kommunizierte Grenze zu ziehen. Legt die Bedingungen für eine Mitgliedschaft klar und deutlich fest. Welche Frist setzt ihr für welches Verhalten? Und natürlich gelten die Regeln für alle. So kann man nicht von einem notorischen Zuspätkommer ab sofort strikte Pünktlichkeit fordern, wenn man sich selber nicht dran hält. Man kann nicht vom Alkoholiker fordern, nüchtern auf die Bühne zu gehen, wenn man sich ab und zu selber ein Glas Sekt vorher genehmigt.

Intriganten und Lästermäuler

Vom Lästern ist es nicht weit zur Intrige, die nicht einmal bewusst als Intrige gesponnen sein muss. Wenn permanent am Ruf einer Person gesägt wird, wird dieser Ruf bald in sich zusammenfallen. Hier hilft nur Loyalität aller Mitglieder.

Für die Spieler heißt das, dass dem Lästerer rechtzeitig Einhalt geboten wird. Frage den Lästerer: „Wenn du ein Problem mit XY hast, warum klärst du das nicht mit ihm selbst?"

Geschäftsführer und künstlerische Leiter brauchen hier ein besonders feines Gespür. Ist die Klage über einen Spieler gerechtfertigt? Oder soll hier jemand bloßgestellt werden?

Künstlerische Probleme mit Einzelspielern

Es gibt hauptsächlich zwei Gründe, warum es zu künstlerischen Spannungen zwischen der Gruppe und Einzelspielern kommt: Erstens, wenn die künstlerischen Fähigkeiten des Spielers nicht genügen. Und zweitens, wenn die künstlerischen Ziele von denen der Gruppe zu stark abweichen.

Zu bestimmen, *was* die notwendigen künstlerischen Fähigkeiten sind, ist immer Aufgabe der Gruppe. Hier gibt es keine objektiven Regeln. Wenn ihr als neue Amateur-Gruppe die Impro-Szene betretet, ist es ziemlich wahrscheinlich, dass eure Fähigkeiten ausbaufähig sind. In einer größeren Gruppe sind die Talente dann meistens auf unterschiedliche Bereiche verteilt, und allen ist klar, dass man gemeinsam an der Verbesserung des Impro-Repertoires, der schauspielerischen und erzählerischen Fähigkeiten und der Formung der Gruppe arbeiten muss. Aber die traurige Wahrheit ist: Einige Spieler schaffen den Sprung nicht. Gruppen, die als Freundeskreis oder Workshop-Ausgründung entstanden sind, entscheiden, nun auftreten zu wollen, während ein, zwei Mitglieder auch damit zufrieden gewesen wären, einfach still unter sich zu bleiben und das Ganze als Feierabend-Hobby zu belassen.

Es gibt auch Spieler, die ihr Talent langsam aber stetig entfalten. Andere entwickeln sich sprunghaft von Plateau zu Plateau. Und es gibt Spieler, die irgendwann stehenbleiben. Sie sind bei den Proben großartige Kollegen und sensibel im Umgang. Sie spielen sehr aufmerksam, aber es wird ihnen nie gelingen, über die Bühne hinaus zu *strahlen*. Jedem Spieler gibt man gewiss Zeit, sich zu entwickeln. Doch irgendwann ist klar, ob jemand einfach nur länger als andere braucht, um sich Fähigkeiten anzueignen oder ob das Ende der Fahnenstange erreicht ist.

Machen Spielern fehlen bestimmte Spezial-Fähigkeiten. Das prominenteste Beispiel ist wahrscheinlich das Singen. Mit viel, viel Übung wird es ihnen sicherlich gelingen, halbwegs ein Lied zu improvisieren, das auch irgendwie ganz passabel klingt und man wird mit ihnen auch mal ein musikalisches Game wie „Das klingt nach einem Lied" spielen können. Aber es ist kaum denkbar, mit ihnen einen improvisierten Opern-Abend aufzuführen. Soll man jemanden deshalb aus der Gruppe verabschieden? Zwei Mal habe ich es bei befreundeten Gruppen erlebt, dass eine Spielerin und ein Spieler entlassen wurden, weil sie den musikalischen Ansprüchen nicht genügten. In beiden Fällen fragte ich mich: War es das wert? In einem vielleicht noch krasseren Beispiel habe ich es erlebt, wie ein talentierter Spieler durchs Casting rasselte, weil er eine ABC-Szene nicht flott genug spielte.[49]

Die Gruppe (oder die künstlerische Leitung) muss sich fragen: Was wollen wir als Improtheater? Passen die Gruppe und der Spieler gut zusammen oder nicht? Wenn wir uns als explizit musikalische Gruppe einen Namen gemacht haben, dann könnte es für einen Spieler, der mit Singen seine Schwierigkeiten hat, problematisch werden. Aber wenn wir nur ab und zu singen, dann könnte es sein, dass wir gerade ein großes Improtalent vertreiben.

Es kommt auch vor, dass sich die Gruppe als Ganzes entwickelt und die Fähigkeiten einzelner Spieler hinken dauerhaft hinterher. Hier darf man nicht vergessen, dass Talent ungleich verteilt ist. Selbst bei grandiosen Gruppen sieht man, dass es unter ihnen Spieler gibt, die extrem schnell und aufmerksam reagieren, andere wiederum bringen tausende glaubwürdige Figuren auf die Bühne. Ihr werdet nie alle in jeder Beziehung auf dem gleichen Stand sein. Man vermeide jeglichen Dünkel, wenn man selber diese oder jene Erfahrung gemacht hat, die den anderen fehlt,[50] egal ob das Ausbildung, Alter oder Kenntnisse betrifft. Letztlich zählt das, was auf der Bühne geschieht.

---

[49] Bekanntlich ist das ABC-Spiel für eine beträchtliche Zahl von Impro-Spielern, die mit dem Alphabet Schwierigkeiten haben, ein Hass-Spiel.

[50] So wurde ich einmal unfreiwillig Zeuge eines Streits, in der eine Impro-Spielerin sich über die schauspielerischen Fähigkeiten ihres Kollegen mokierte, der ja „nur" Theaterpädagoge und nicht gelernter Schauspieler sei. (Hätten sie mich als Zuschauer gefragt, hätte ich seine schauspielerischen Leistungen ihrem theatralen Getue stets vorgezogen.)

Dennoch lässt sich nicht abstreiten, dass einige Spieler irgendwann aufhören zu lernen, in impro-feindliche Muster verfallen oder einfach nicht mehr folgen können. Dann stellt sich die bittere Frage, ob die Gruppe sie mitschleifen soll oder nicht? Auch hier gilt es abzuwägen:

- Trauen wir dem Spieler noch Entwicklungspotential zu?
- Ist die Fähigkeitslücke so groß, dass wir tatsächlich ohne ihn auskommen wollen?
- Ist der Spieler bereit zu lernen?
- Schieben wir vielleicht die künstlerischen Fragen vor und in Wirklichkeit haben wir ein ganz anderes Problem miteinander?

Besonders schwer ist die Entscheidung, wenn der betreffende Spieler sich alle Mühe der Welt gibt, wenn er trainiert wie kein Zweiter, und sich praktisch und theoretisch bemüht, und dennoch klar ist, dass er es aber einfach nie zur Bühnenreife bringen wird.

Ein solcher Fall war Mirko. Mirko hatte mit seinen Kollegen trainiert und hatte die Gruppe mitgegründet. Aber Mirko hatte ein Problem: Wegen eines Geburtsfehlers war sein Timing defekt. Das heißt, er stotterte nicht nur, er handelte auch verlangsamt und dann wieder völlig hektisch. Seine Bewegungen waren oft unkontrolliert und seine Sprache nicht selten unverständlich. Mit dem einen oder anderen Problem hätte man sich vielleicht noch arrangieren können. Aber in dieser Häufung war an eine dauerhafte Bühnenpräsenz von Mirko nicht zu denken. Und Mirko muss es auch gewusst haben, da er immer wieder Gründe fand, sich aus der Dispo-Liste austragen zu lassen. Er war ein sympathischer Typ und hatte mit vielen Ideen die Gruppe zu dem gemacht, was sie nun war. Irgendwann fand sich jemand, der es wagte, den Elefanten im Raum zu benennen: „Mirko wird auf der Bühne nicht verstanden." Aber niemand wollte ihn gehen lassen. Schließlich kam einer auf die Idee, Mirko als Mitglied zu behalten, ihn aber zum Cheftechniker zu ernen-

nen. Mirko war glücklich, er war ausgefüllt von seiner Tätigkeit, und bereichert noch heute seine Gruppe mit neuen
künstlerischen Impulsen.

Bisweilen ist an den Fähigkeiten als solchen gar nichts auszusetzen.
Vielmehr stimmt die *Zielrichtung* einzelner Mitspieler nicht mehr
mit der der Gesamtgruppe überein. Eine prominente Differenz ist
die zwischen Kurz- und Langformen. Überlegt euch gut, ob ihr
diese Präferenzen (oder die Betonung der Differenzen) so überstrapaziert, dass die Angelegenheit am Ende für die Gruppe eine
Belastungsprobe wird. Ist die leichte Abseitigkeit eines Mitglieds
nicht auch befruchtend? Lassen sich verschiedene künstlerische
Ziele und Präferenzen nicht auch integrieren? Dabei spielen Gruppengröße und -dynamik sicherlich eine wichtige Rolle. Wenn wir
zwanzig beinharte Theatersportler sind und der einundzwanzigste
Spieler will das Schiff komplett auf Kurs Langform verlegen, dann
braucht er schon gute Argumente, um den Rest der Truppe zu
überzeugen. Wenn es hingegen fünf von zwanzig sind, ließe sich
vielleicht ein Abend pro Monat als Spielwiese einrichten.

Falls es aber um einen von nur vier Spielern geht, könnte das
zu internen Konflikten führen, denn bei so einer kleinen Mitgliederzahl besteht auch immer die Gefahr, dass die ganze Truppe
schnell zerbricht. Einheit oder Reinheit – beides kann man zu weit
treiben. Sicherlich ist es angenehm, wenn alle in die gleiche Richtung segeln, aber künstlerische Diversität ist ebenfalls ein hoher
Wert. Sonst steht man am Ende mit seiner Vorstellung, wie gutes
Improtheater auszusehen habe, völlig allein da.

Wie man sich von einem Spieler trennt

Was auch immer der Grund für die Kündigung ist: Bleibt fair und
bleibt freundlich. Die Entlassung eines Mitglieds ist ähnlich heikel
wie die Trennung einer Liebesbeziehung – emotional aufgeladen,
mit vielen gemeinsamen Erlebnissen verknüpft und schmerzhaft,
vor allem für den, der die schlimme Nachricht bekommt. Hier eine
Handvoll Regeln, die man beachten sollte:

- Kündigt von Angesicht zu Angesicht. Ein Rauswurf per E-Mail oder gar SMS zeugt von schlechtem Stil und mangelnder Konfliktfähigkeit (ergo Feigheit).
- Kommuniziert persönlich wertschätzend. Egal wie groß die persönlichen oder künstlerischen Differenzen auch sein sollten, eine Trennung ist nicht dafür da, um alte Rechnungen zu begleichen oder sich an den Kopf zu werfen, was man „schon immer" am anderen furchtbar fand. Bleibt sachlich und benennt, welcher Grund zur Entlassung geführt hat, statt den Spieler persönlich zu etikettieren.
- Die Gründe für die Entlassung sollten *vorher* als Bedingung klar gewesen sein. Wenn der Neue vor jeder Show ein Bier trinkt und erst bei seiner Entlassung erfährt, dass die Gruppe eine Null-Alkohol-Politik fährt, dann ist etwas schiefgelaufen.
- Gebt daher eine Vorwarnung bzw. nennt die Bedingungen für einen Verbleib in der Gruppe.
- Das heißt wiederum, die Probleme nicht herunterzuschlucken. Je früher und klarer ihr die internen Regeln für euch absprecht, umso geringer ist das spätere Konfliktpotential.
- Werft niemanden während einer Probe raus. Bedenkt, dass man zur Probe gutgelaunt und in kreativer Absicht kommt.
- Brecht die Brücken nicht unnötigerweise ab. Wenn jemand nicht mehr in eure Gruppe passt, ändert sich ja nichts an der Tatsache, dass diese Person möglicherweise jahrelang mit euch improvisiert hat und ihr großartige Erfahrungen miteinander hattet. Vielleicht wird sie anderswo weiterimprovisieren, und ihr werdet euch in der Impro-Community sicherlich über den Weg laufen.

5.6.4   Supervision und Mediation

Wenn interne Gruppenkonflikte soweit überhand nehmen, dass man sie als Gruppe nicht mehr bewältigen kann, könnte es sinnvoll sein, sich einer Supervision zu unterziehen. In Supervisionen und Konflikt-Mediationen wird die Verantwortung für die Leitung der Konflikt-Kommunikation einer dritten Person übertragen. Ziel ist es, die Staubwolken, die sich in Erwartungen, Handlungen, Machtstrukturen und emotionalen Ausbrüchen manifestieren, beiseite zu schieben und über gemeinsame Vereinbarungen zu einem neuen Miteinander zu kommen.

Wenn ihr in einem Konflikt steckt und mit dem Gedanken spielt, einen Supervisor (oder Mediator) zur Hilfe zu nehmen, solltet ihr euch vorher fragen:

- Haben wir wirklich versucht, unseren Konflikt im Gespräch zu lösen?
  Aus Konfliktscheu wird manchmal ein Supervisor angeheuert, was man in einem freundlichen, offenen Gespräch, für das man sich natürlich auch Zeit nehmen muss, klären könnte.
- Wollen wir überhaupt miteinander weiterarbeiten?
  Wenn die Differenzen tatsächlich künstlerischer Natur sind und man sich einig ist, dass man sich über diese Differenzen nicht wird einigen können (weil man völlig unvereinbare Ziele verfolgt und sich auch gar nicht einigen *will*), wenn also eine Seite schon den Schlussstrich gezogen hat, dann kann man auch auf die Mediation verzichten.[51]

Eine Supervision ist besonders dann ratsam, wenn ihr alle euer gemeinsames Impro-Projekt liebt, sich aber bestimmte Themen emotional ungeheuer aufgeladen haben und manche Diskussionen sich kreisförmig wiederholen. Sie erfordert von allen Seiten Offenheit und Bereitschaft zur Veränderung. Eine Supervision ist nicht dazu da, um Schuldfragen zu klären, sondern um einen Modus Vivendi für alle Beteiligten zu finden.

---

[51] Allerdings muss man auch anmerken, dass künstlerische Gründe nicht selten als quasi-sachliche Argumente vorgeschoben werden, um die eigentlichen Konflikte auf der Beziehungsebene zu verdecken.

In einer Supervision, die von einer unabhängigen Person gelei-
tet werden sollte, wird zunächst die Grundlage für eine *kooperative*
Kommunikation gelegt. Das heißt, ein guter Supervisor wird die
Teufelskreise, in denen sich die Gruppe verfahren hat, hoffentlich
schnell erkennen und neue Wege eröffnen.

Diese neue Kommunikation ist ein zartes Pflänzchen, das man
hegen und pflegen muss. Denn jetzt geht es ans Eingemachte: Die
eigentlichen Probleme kommen auf den Tisch, möglichst sachlich,
was besonders schwer ist, wenn man emotional involviert ist. Die
Themen werden, wenn sie, was meistens der Fall ist, scheinbar
unentwirrbar miteinander verknäuelt sind, aufgedröselt und es wird
ausgewählt, was in welcher Reihenfolge besprochen wird.

Im letzten Schritt werden Lösungen für jedes Thema und neue
Kommunikationsformen für die Zukunft gesucht und vereinbart.
Das ist alles andere als eine Schwuppdiwupp-Lösung. Eine Supervision kostet Geld, Zeit, Nerven und oft auch Tränen. Sie ist es
aber wert, wenn ihr euer gemeinsames Projekt, das davor steht, an
menschlichen Problemen zu scheitern, retten wollt.

5.6.5 Spaltung

Schwieriger noch als die Trennung von einem Mitglied ist die Spaltung einer Gruppe. Bedenkt es gut, ob die Differenzen, die euch
momentan so arg belasten, es wert sind, eine gut spielende Gruppe
spalten. Ich habe beobachtet und erlebt, wie sich kleinere Differenzen zu scheinbar riesigen, unlösbaren Problemen auftürmten.

- Persönliche Animositäten zwischen zwei Spielern laden sich
  dermaßen auf, dass plötzlich jeder in der Gruppe gezwungen
  ist, Partei für eine Seite zu ergreifen. Prüft, ob ihr euch in so
  etwas hineinziehen lassen wollt.
- Geld spielt manchmal eine Rolle, wenn es einem Spieler im
  Zusammenhang mit Impro wichtiger ist als anderen. Schnell
  werden unlautere Motive unterstellt.

- Künstlerische Differenzen sind äußerst heikel. Verbreitert sich eine Kluft zwischen zwei grundsätzlich verschiedenen Zielen, kann man sich fragen, ob sich das Problem organisatorisch lösen lässt.

Je intensiver die Beziehungen untereinander sind und je größer das Projekt, das man verlässt, umso schwieriger ist die Spaltung. Diejenigen, die eine Spaltung herbeiführen wollen, sollten sich darüber im Klaren sein, ob sie aussteigen wollen oder ob sie den Rest der Gruppe entlassen wollen. Ein Ausstieg ist hier die sauberere Lösung, auch dann, wenn man Teil der Mehrheit ist. Wer einen Neuanfang bewusst sucht, sollte auch die Kraft haben, eine neue Gruppe mit neuem Namen zu gründen.

Bei einer Spaltung der Gruppe gilt das Gleiche wie bei der Kündigung eines Mitglieds: Bleibt fair und sachlich. Egal, wie groß die Unterschiede, die Konflikte und die Verletzungen sein mögen, findet einen Weg, die Trennung zivilisiert zu klären. Scheitert heiter, auch jetzt. Bleibt großzügig, auch in finanziellen Fragen.[52]

Auch nach der Trennung gilt: Lästert nicht! Jede Beschimpfung und Beschuldigung, jede Klage und jede Herablassung, die du gegen Ex-Kollegen äußerst, fällt letztlich auf dich selbst zurück. Behandelt euch auch im Nachhinein mit Respekt.

5.6.6 Neustart

Falls sich, aus welchen Gründen auch immer, eine Gruppe aufgelöst oder getrennt hat, muss das nicht bedeuten, dass die Mitglieder nun aufhören, Improtheater zu spielen. Die Frage ist nur: Wie soll es weitergehen?

---

[52] Bei Gruppen, an denen auch größere Kapitalsummen hängen und in denen vielleicht sogar arbeitsrechtliche Verhältnisse zu klären sind, könnte man sich juristische Beratung holen. Überlegt euch, ob euch die Kosten und die Tränen, die mit einem Gerichtsprozess einhergehen, die Sache wert ist.

1. Legt nach Möglichkeit eine Pause ein

Oft ist die Stimmung unter den Rest-Mitgliedern einer gesplitteten Gruppe nicht gerade begeistert. Aber eine positive Grund-Stimmung ist nötig, wenn ihr weiterhin miteinander improvisieren wollt. Findet heraus, was euch in der neuen Konstellation am meisten Freude bereitet und definiert dann eure Ziele neu. Wie wir gesehen haben, muss man in einer verkleinerten Gruppe weniger Kompromisse schließen. Es könnte also sein, dass das Scheitern der großen Gruppe euch die Chance bietet, euer Profil zu schärfen. Eventuell braucht ihr auch Zeit, euch organisatorisch neu auszurichten, eure Gruppe neu zu bewerben und neue Mitglieder zu finden.

2. Wer geht, legt den Namen ab

Wenn sich eine Gruppe im Streit trennt, kann die Frage aufkommen, wer dann noch die Gruppe ist. Als Faustregel gilt: Wer geht, lässt die Gruppe hinter sich. Seid also bereit, euch einen neuen Namen zuzulegen. In Ausnahmefällen (etwa wenn zwölf Mitglieder gehen und zwei bleiben) kann man versuchen, sich friedlich auf eine andere Lösung zu einigen.

3. Beharrt nicht unbedingt auf eure Rechte

Versetzt euch auch in die Position der anderen. Nicht alles muss wie in einem vergifteten Scheidungsprozess ausgefochten werden. Schließt Kompromisse.

4. Lernt

Wieviel habt ihr selbst zu den Konflikten beigetragen? Kann man bei der Neugründung daraus lernen? Lassen sich in einer neuen Gruppe vielleicht neue Regeln aufstellen, die verhindern, dass man in kurzer Zeit vor dem gleichen Problem steht? Lernt!

6 GELD

6.1   Amateure, Profis und Professionalität

Kaum ein Begriff wird in der darstellenden Kunst und besonders im Improtheater so überstrapaziert und unangemessen benutzt wie „Professionalität". Daher vorab eine Klärung zum Gebrauch dieses Wortes in diesem Buch.

Wenn wir uns den üblichen Sprachgebrauch anschauen, werden unter Professionalität drei verschiedene Dinge verstanden:

* Die berufsmäßige Ausübung der Kunst, d.h. dass man seinen Lebensunterhalt damit verdient.
* Eine bestimmte routinemäßige Haltung zur Kunst, insbesondere Fokus, Achtsamkeit und das Vermeiden persönlicher Allüren und Zimperlichkeiten.
* Die Qualität der Kunst.

In diesem Buch wird Professionalität hauptsächlich im ersten und im zweiten Sinne des Wortes verwendet. Das hat mit folgenden Überlegungen zu tun: Zunächst ist, wer von seiner Kunst leben kann, ein professioneller Künstler. Das sagt noch nichts über die

Qualität dessen aus, was er tut. Man schalte den Fernseher an und schaue sich eine beliebige Mixed Comedy-Show an. Neben einigen Genies sieht man erstaunlich viele Bühnenkünstler, die eine Menge Geld dafür erhalten, Abscheulichkeiten zum Besten zu geben, auf Minderheiten herumzuhacken, Plattitüden über Politiker aufzusagen und Vorurteile des Publikums zu bestätigen. Und doch sind es Profis. Sie haben große Mühen auf sich genommen, ein gewisses Talent mitgebracht und sicherlich auch ein bisschen Glück gehabt, um dorthin zu kommen, wo sie heute sind.

Ähnlich ist es auch in der Improtheater-Szene. Die Tatsache, dass jemand viel Zeit und Mühe in die schauspielerische und die Impro-Ausbildung gesteckt hat, dass er zur richtigen Zeit am richtigen Ort war und nun in einem erfolgreichen Ensemble spielt, erhöht zwar die Wahrscheinlichkeit für hohe Impro-Qualität, ein Garant ist es aber nicht.

Vincent Van Gogh konnte sich zu Lebzeiten mit seiner Kunst kaum über Wasser halten, wird aber heute von Kritikern, Liebhabern und dem breiten Publikum ungeheuer geschätzt wird.

Natürlich gibt es solche Künstlertypen und -Gruppen auch im Improtheater: Sie gehen neue Wege, die nur von wenigen verstanden werden, sind aber vielleicht auch nur unfähig oder ungeschickt, ihre Arbeit angemessen zu vermarkten. Oder sie haben einen außerhalb von Impro liegenden Beruf, den sie lieben und von dem sie nicht lassen wollen.

Und umgekehrt: Nur weil man erfolglose Avantgarde betreibt und nicht weiß, wie man sich finanziell über Wasser halten kann, bedeutet das nicht, die eigene Impro-Kunst zu großartig, um von anderen verstanden zu werden. Es gibt eben auch miese Avantgarde.

6.1.1 Professionalität als Haltung

Professionalität als Haltung und Einstellung ist eine Voraussetzung, um dauerhaft erfolgreich Improtheater ausüben zu können.

Sicherlich kann man eine Reihe von Flausen und Mickrigkeiten überspielen, aber sich dauerhaft unprofessionell zu geben, bringt einen nicht auf einen grünen Zweig – weder künstlerisch noch finanziell. Zur professionellen Haltung gehören folgende Facetten:

Zuverlässigkeit und Vertrauenswürdigkeit

Es fängt damit an, dass du ganz profan das tust, worauf du dich mit der Gruppe geeinigt hast: Pünktlich zu den Proben kommen, Auftritte nicht versäumen, E-Mails lesen und beantworten. Sei zuverlässig in der Zusammenarbeit mit Kunden (die zum Beispiel eine Show gebucht haben) und anderen Kooperationspartnern (zum Beispiel den Betreibern des Spielorts). Halte Termine ein, kommuniziere Probleme rechtzeitig und klar.

Kompetenz

Kompetenz in der Kunst ist n immer wieder zu erneuern. Denn wie jede andere Kunst auch bleibt Improvisationstheater nicht stehen. Wenn du also seit zwanzig Jahren (vielleicht sogar finanziell erfolgreich) deinen alten Stiefel spielst, dann verhältst du dich unprofessionell, weil du deine Kompetenz nicht weiterentwickelst.

Rücksicht, Höflichkeit, Respekt und Integrität

Wer sich einen Ruf als professionell handelnder Impro-Spieler erarbeiten will, sollte Andere so behandeln, wie man selbst behandelt werden will. Seid rücksichtsvoll gegenüber Fehlern und Schwächen anderer. Respektiert eure Kollegen – das Barpersonal, die Kassierer und Techniker. Respektiert die Impro-Kollegen inner- und außerhalb eurer Gruppe. Egal, welchen Stil sie spielen, egal ob euch das gefällt, was diese tun, egal ob es Profis oder Amateure sind, respektiert sie! Seid ehrlich und loyal. Nehmt eure Kollegen in Schutz gegenüber Lästereien.

Engagement

Engagiert sein ist nicht nur eine Frage des Bühnenverhaltens, sondern auch im Miteinander wichtig. Auch „Kleinigkeiten", die nicht unmittelbar mit dem Auftritt zu tun haben, werden ernst genommen. Das heißt nicht, dass alle immer zu jeder Kleinigkeit dieselbe Meinung haben müssen. So kann man zum Beispiel unterschiedlicher Meinung sein, ob die Gruppenfotos noch etwas taugen oder ob man neue braucht. Die professionelle Haltung zeigt sich darin, die Frage und die Sorge ernst zu nehmen.

Engagement bedeutet darüber hinaus, Auftritte und Proben zu achten, also pünktlich und ausgeruht zu erscheinen. Vor allem aber ist es die Bereitschaft, die eigenen Fähigkeiten voll einzusetzen, statt Auftritte nur „abzuarbeiten".

Persönliche Verantwortung

Je größer die Gruppe und je stärker die Hierarchie, umso leichter ist es für den Einzelnen, sich zurückzulehnen und mitzusurfen. Wenn etwa die zwanzig Mitglieder einer größeren Gruppe aufgefordert werden, sich online einzutragen, wann sie proben können, kann man einfach die anderen die Arbeit machen lassen und sich dann an die Gruppenentscheidung dranhängen. Aber professionell ist das nicht, da sich persönliche Verantwortung auch im Kleinen zeigt.

Persönliches so weit wie möglich heraushalten

Vielleicht ist dies der schwierigste Professionalitäts-Aspekt im Improtheater, denn schließlich ist Improtheater eine sehr persönliche Angelegenheit. Das heißt, wenn wir sensibel spielen, werden wir nicht umhin kommen, große Teile unserer Persönlichkeit anderen zu offenbaren. Im Improtheater wird man seine Kollegen so nah kennenlernen wie in kaum einem anderen Beruf. Man erfährt von den Vorlieben und Abneigungen Anderer, man lernt ihre Stärken und ihre Schwächen kennen. Entscheidend ist, diese Nähe nicht zu missbrauchen (offenbarte Schwächen zum Beispiel in einer Diskussion als Argumentationswaffe zu nutzen), persönliche Probleme nicht so weit in die Gruppe hineinzutragen, dass sie sie belasten, und Berufliches nicht persönlich zu nehmen. Und zu guter Letzt: Als professioneller Impro-Spieler solltest du im Prinzip in der Lage sein, mit jedem anderen Impro-Spieler zu improvisieren, unabhängig davon, ob du ihn leiden kannst oder nicht, denn hier zählen nur fachliche Aspekte.

6.1.2 Amateure – Improtheater als Hobby

Was aber bedeutet es, Improtheater zu spielen, wenn man keine Gewinnabsicht damit verbindet?

Zunächst einmal sagt der Amateuerstatus noch nichts über die Qualität der Shows aus. Es gibt Gruppen, in denen die einen Spieler ihr Geld mit Improtheater verdienen und die anderen reine Amateure sind und vielleicht auch bleiben wollen. Amateure sind per definitionem Liebhaber ihrer Kunst. Im besten Falle spiegelt sich das auch auf der Bühne wider.

Warum man Amateur bleibt

Um Amateur-Spieler oder Amateur-Gruppe zu sein oder zu bleiben, gibt es mehrere Gründe:

- **Die Liebe zum eigenen Job**
  Wenn du einen Beruf hast, der dich erfüllt und den du gern ausübst, der dir und deiner Familie ein gutes Auskommen beschert, gibt es keinen Grund, diesen aufzugeben, wenn du das mit den zeitlichen Anforderungen, die dein Hobby von dir verlangt, unter einen Hut bekommst.
- **Fehlende Rentabilität**
  Wenn man in einer kleinen Stadt einmal pro Monat im Gemeindesaal vor fünfzig Zuschauern bei einem Eintritt von 10 Euro auftritt, kann man sich noch so Mühe geben und

nach der Decke strecken, aber die Wahrscheinlichkeit, dass alle Spieler hier irgendwann davon finanziell leben werden, ist gering, solange man nicht Grundlegendes ändert.

- **Ungünstiger Markt**

  Ein Dorf ist ein ungünstiger Markt für Improtheater. Aber eine impro-geschwängerte Stadt wie zum Beispiel Chicago ist es eventuell auch. Wenn Hunderte Impro-Spieler auf eine große Impro-Karriere lauern, dann ist die Konkurrenz einfach sehr, sehr hart. Der Vorteil der großen improsatten Städte ist natürlich, dass man leichter auf Gleichgesinnte stößt, mit denen man die eigene Vision durchsetzen kann. Dafür brauchst du aber ein glückliches Händchen und einen langen Atem.

- **Fehlende Risikobereitschaft**

  Wer bereits einen Job hat, für den ist es unter Umständen ein recht hohes Risiko, sich beruflich völlig neu zu orientieren, selbst wenn die Aussichten günstig sind. Wenn man eine Weile Improtheater gespielt hat, unterrichtet und vielleicht auch schon die Fühler Richtung Businesstheater ausgestreckt hat, entwickelt man ein Gefühl dafür, was möglich ist. Man muss aber bereit sein, diesen Sprung zu wagen.

- **Fehlende Qualität**

  Ich sehe immer wieder, wie sich Impro-Gruppen mit Werbung abrackern, Unsummen in bedruckte Streichholzhefte, Kugelschreiber und T-Shirts stecken, Workshops und Firmen-Auftritte anbieten. Aber trotzdem bleiben sie stecken, weil sie nicht genügend an sich selbst arbeiten. Die nüchterne Nachricht lautet: Dass eine Show improvisiert ist, reicht als Distinktionsmerkmal nicht aus. „Alles ist improvisiert!" ist keine Schlagzeile mehr. Es gehören noch eine Menge anderer Aspekte dazu, wie etwa Bühnenpräsenz, inhaltliche Relevanz, darstellerische und erzählerische Eleganz.

  Einige Mängel lassen sich auf der Bühne sicherlich mit Frische und Tempo überspielen. Und wenn die Werbung geschickt gemacht ist, funktioniert sie vielleicht sogar für eine

Weile. Aber ein Zuschauer, der sich dauerhaft langweilt, kommt so schnell nicht wieder.[53]

Braucht der Amateur eine „professionelle Haltung"?

Es kommt darauf an, in welchem Kontext du improvisierst, vor welchen Zuschauern, ob Geld bezahlt wird, wie du dich anpreist und wie du wahrgenommen werden möchtest.

Nehmen wir folgendes Szenario: Ihr improvisiert seit ein paar Monaten in abendlichen Proben mit Freunden aus reiner Freude. Und nun werden drei von euch gefragt, ob ihr auf der Geburtstagsparty einer Kommilitonin zwei, drei kleine Games aufführen möchtet. Niemand wird von euch in einer solchen Situation superprofessionelles Auftreten erwarten. Selbst eine kleine Verspätung wird man bei einem derart niedrigschwelligen Auftritt zwar persönlich verantworten müssen, aber dadurch nicht mit einem Berufs-Ethos in Konflikt kommen.

Aber dass man als Amateur ganz ohne professionelle Einstellung auskommt, wäre eine Fehlannahme! Wenn ihr in einer Impro-Gruppe spielt, die auf längere Sicht angelegt ist, braucht ihr professionelle Formen und Umgangsweisen. In dem Moment, wo ihr vor zahlendem Publikum auftretet, darf das Publikum auch gewisse Mindeststandards erwarten.

Und schließlich habt ihr auch eine Verantwortung vor euch selber. Denn die Ansprüche an die Qualität einer Show sind unabhängig davon, ob ihr vom Improvisieren leben könnt, ob die Zuschauer viel oder wenig Geld bezahlen oder ob ihr an dieser konkreten Show verdient oder nicht. Deshalb gebt in einer Impro-Show immer euer Bestes. Denn warum sollte man in ein Spiel vor Publikum keine Energie stecken? Gerade wer nicht davon lebt, sondern nur zum Spaß improvisiert, sollte doch diese unbezahlte oder geringvergütete Zeit nicht freudlos vergeuden.

---

[53] Mit dem Dilemma, dass Improtheater eben scheitern kann und ab und zu Zuschauer vielleicht auch enttäuscht sind, müssen wir leben. Aber auf Dauer kann man nicht jede Impro-Schwäche unter „Scheiter heiter" verbuchen.

Laien

Als Impro-Laien bezeichnen wir Spieler, die nur gelegentlich auftreten, etwa zum Abschluss eines Workshops. Von ihnen werden keine großen dramatischen Leistungen erwartet, und auch die Toleranz des Zuschauers gegenüber dem Scheitern ist ziemlich hoch. Unperfektes Timing, mittelmäßiger stimmlicher Einsatz und grobe Figurenzeichnung, all das vergibt man einem Spieler gern, der zum ersten Mal auf der Bühne steht, sich aber hundertprozentig engagiert. Bei solchen Gelegenheitsauftritten wird Professionalität in der Regel nicht erwartet. Selbst innerhalb der Gruppe gibt es keinerlei Verbindlichkeiten. Und doch hinterlässt es einen guten Eindruck, wenn man auch als Laie mit Profi-Tugenden wie Pünktlichkeit, Respekt, Engagement und Verbindlichkeit glänzt.

Laientum ist nicht mit Dilettantismus zu verwechseln. Der Begriff „Dilettantismus" bezeichnet wiederholte Stümperei. Wir wissen, dass die Möglichkeit des Scheiterns der Improvisation innewohnt. Aber wer sich nicht soweit mit den grundlegenden Techniken des Schauspiels, des Storytelling und der Improvisation auseinandergesetzt hat, dass seine Arbeit überwiegend zu befriedigenden Ergebnissen führt, muss an sich arbeiten.

Übrigens sind auch Profis nicht immer völlig frei von Dilettantismus. Es gibt Impro-Spieler, die bewusst ein bisschen „drüber" spielen, um Klamauk-Lacher beim Publikum zu bekommen, sie singen bewusst schlecht, um für ihren Mut, *überhaupt* zu singen bewundert zu werden. Aber letztlich verderben sie dadurch ihre Kunst.

Und schließlich gibt es auch Schauspieler, die frisch von der Schauspielschule kommen (sich somit zu den Profis zählen) und glauben, mit den Impro-Übungen aus ihren Seminaren kurzerhand eine improvisierte Show zusammenbasteln zu können. Sie mögen Schauspiel-Profis sein und verstehen nicht, dass es bis zu einer gelungenen Improvisation noch vieler Schritte bedarf.

6.1.3 Professionalität als Falle

„Das ist aber überhaupt nicht professionell!" Irgendwann hört jeder diesen Satz – im Backstage oder bei einer Gruppensitzung, man liest ihn als Argument in einer Online-Diskussion oder im E-Mail-Verkehr.

Wenngleich Professionalität als Haltung eine wichtige Tugend ist, wie wir gesehen haben, so gerät sie auch rasch zum Totschlag-Argument. Das Webdesign, das einem nicht gefällt, das Outfit eines Kollegen, sogar bestimmte Show-Formate werden mit dem Professionalitäts-Besen vom Tisch gefegt.

Aber wer sich nur an den Standards anderer Spieler und Gruppen orientiert, lässt die eigene Phantasie erlahmen. So frage ich mich bei manchen auf Hochglanz und Eleganz getrimmten „professionellen" Flyern von einigen Impro-Gruppen, wo denn das Spielerische bleibt. Aus Furcht davor, nicht wie eine Volkshochschul-Theatertruppe rüberzukommen, wirken sie wie Consultants aus dem Londoner Finanzdistrikt.[54]

Schlimmer noch ist es, wenn es um die „Professionalität" von Impro-Shows geht. Ich habe erleben müssen, wie darum gestritten wurde, ob der Schiedsrichter eines Theatersport-Matches eine Trillerpfeife haben müsse, und beide Seiten warfen der anderen Unprofessionalität vor.

Mit der Begründung „Professionalität" werden Impro-Konventionen werden verteidigt und Experimente ausgebremst.

So ernst man technische Details auch nehmen soll – ein Impro-Künstler muss auch mit dem Unperfekten umgehen können. Das große Köln-Concert improvisierte Keith Jarrett auf einem Flügel, der verstimmt war und bei dem die Pedalen klemmten. Aber einige Impro-Spieler und -Musiker zicken bei technischen

---

[54] Welche Profi-Impro-Gruppe würde heute einen Flyer goutieren, in der ein Typ mit Perücke in einem Blumentopf sitzt und darüber in Krakelschrift mit Filzstift „Lass knacken, Oppa" geschrieben steht? Mit diesem wunderbaren Plakat, aus dem die lebendige improvisatorische Kreativität sprang, warb einer der erfolgreichsten deutschen Komiker für seine Tour im Jahr 2015 – Helge Schneider.

Problemen, als ginge es um Leben und Tod. Sound-Checks auf Kleinstbühnen werden mit Verweis auf Professionalität ins Unendliche gezogen, als würde man die Mailänder Scala füllen wollen, nur um schließlich einen halben Song zu laut ins Mikro zu singen, bei dem der Techniker auch noch nachjustieren muss.

Und schließlich habe ich auch erlebt, wie das Schauspiel oder die Improvisation von Impro-Spielern als unprofessionell bezeichnet wurde. Der „Unprofessionell!"-Vorwurf ist das schwächste Argument. Eine schauspielerische Geste erzielt ihre Wirkung oder nicht. Ein Impro-Angebot ist stark oder schwach, reichhaltig oder unklar. Ein Satz verständlich oder nicht. Eine Szene temporeich oder lahm. Eine Show lief gut, mittelmäßig oder miserabel. Ein Spieler muss an seiner Präsenz oder seiner Akzeptierfreude arbeiten. Das sind alles Kategorien, mit denen man eine Show, eine Szene oder auch einen Spieler beobachten und nötigenfalls auch beurteilen kann. Aber das Schlagwort „Unprofessionell" hilft niemandem weiter, weil es die Diskussion mit einem Totschlag-Argument um konstruktive Ansätze beraubt.

6.2   Profi-Gruppen und Profi-Spieler

Im Weiteren wollen wir uns Profi-Gruppen und Profi-Spieler anschauen. Das ist nicht unbedingt immer deckungsgleich. Es gibt Gruppen, die professionell agieren, zum Beispiel als GbR mit Geschäftsführer, in denen aber nur einzelne Spieler allein von ihrer Tätigkeit als Impro-Spieler leben können. Auf der anderen Seite gibt es tatsächlich auch Improtheater, die als lockeres Team amateurmäßig aufgezogen sind, deren Mitglieder aber fast ausschließlich vom Improtheater leben.

6.2.1 Rechtliches[55]

Liebhaberei

Die Frage der Rechtsformen und der Steuern ist so gut wie irrelevant, solange es sich lediglich um „Liebhaberei" handelt. Generell geht das Finanzamt dann von Liebhaberei aus,

- wenn die Einnahmen kaum die Kosten einspielen,
- wenn keine größeren Anstrengungen unternommen werden, wirklich Gewinne zu erzielen

In diesem Fall werden die Einnahmen der privaten Lebensführung zugerechnet. Nach meiner Schätzung trifft das zurzeit auf 20-30 Prozent aller deutschen Impro-Gruppen zu.

Falls ihr aber regelmäßig hohe Umsätze macht, sei es an der Abendkasse, bei Großveranstaltungen, für die man euch bucht, wenn ihr Festivals organisiert, für die mehrere Verträge über größere Summen abgeschlossen werden müssen, dann wird das Finanzamt bald auf euch aufmerksam.

Die GbR – Warum du wahrscheinlich schon in einer bist

In einer GbR, der *Gesellschaft bürgerlichen Rechts,* landet man schneller als gedacht. Dafür braucht man nicht einmal einen schriftlichen Vertrag. Mündliche Vereinbarungen und (wie es die Juristen nennen) „schlüssiges Handeln", genügen bereits. Wenn ihr also an

---

[55] Im Folgenden kann ich nur einen knappen Überblick als Entscheidungshilfe liefern. Insbesondere wenn ihr euch in größerem Rahmen organisieren wollt, hilft es, sich gründlich zu informieren, etwa bei Steuerberatern. Einen empfehlenswerten Ratgeber mit vielen Details zum Thema Organisation und freie Theater hat Stefan Kuntz geschrieben. Er heißt „Survival Kit. Freies Theater und freier Tanz."
Außerdem muss ich hier einen Haftungsausschluss anbringen: Kein Satz dieses Buches und insbesondere dieses Kapitels darf als juristisch wasserdichte Rechtsberatung verstanden werden. Ansprüche jedweder Art weist der Autor zurück. Ich bin juristischer Laie und sämtliche hier verfassten Tipps gründen sich lediglich auf meine Erfahrung als Künstler.

einem bestimmten Ort monatlich unter demselben Namen auftretet und dort relevante Einnahmen erzielt, seid ihr schon eine GbR, da euer Handeln auf Regelmäßigkeit schließen lässt.

Wenn ihr immer unter demselben Namen auftretet, wenn ihr nennenswerte Einnahmen erzielt, wenn ihr Verträge im Namen eurer Gruppe unterzeichnet, wenn ihr größere Anschaffungen für euer Ensemble macht, dann liegt es nahe, einen Gesellschafter-Vertrag abzuschließen. Bevor ihr das tut, solltet ihr die Verantwortungen und Gewinnverteilungen zu klären, sich über das Vermögen der Gruppe im Klaren zu sein. In einem Vertrag könnt ihr regeln, wie ihr Entscheidungen treffen wollt, ob überhaupt alle Mitglieder des Ensembles auch Mitglieder der GbR sein sollen oder wollen. Außerdem ist es sinnvoll, für die Abwicklung von Geschäften einen Geschäftsführer zu benennen.

Wichtig für euch zu wissen: Als Mitglieder der GbR haftet jeder von euch nach außen mit dem gesamten Privatvermögen. Wenn also eines der Mitglieder im Namen der GbR unabgesprochen eine teure Tonanlage kauft, haftet ihr alle gemeinsam, auch wenn im „Innenverhältnis" das einzelne Mitglied den anderen gegenüber haftet.[56]

Als GbR seid ihr steuerpflichtig. Das heißt, unabhängig von euren persönlichen Einnahmen, muss die GbR eine Steuererklärung abgeben.

Wenn eure Gewinne und Umsätze also die Grenze der Liebhaberei überschreiten, ist es nötig, dass jede Zahlung auch entsprechend mit Rechnung belegt wird, das heißt dass die einzelnen Spieler der GbR auch eine Rechnung schicken.[57] Umgekehrt gilt das

---

[56] Im Beispiel der ungewünscht gekauften Anlage können also Mitglieder in Konfliktfall ihren Anteil vom bösen Verschwender zurückfordern.

[57] Hier sollte man unter Umständen Obacht geben in Bezug auf die sogenannte „Scheinselbständigkeit". Falls der Rechnungssteller keine oder nur geringe andere Einkünfte hat, könnte das Verhältnis GbR-Künstler als Arbeitgeber-Arbeitnehmer-Verhältnis gewertet werden, was unter Umständen als Schwarzarbeit interpretiert werden könnte.

auch für eure Ausgaben. Eine ordentliche Buchhaltung ist dann obligatorisch.

Bitte spenden – Der eingetragene Verein

Nur wenige Gruppen wählen die Rechtsform „eingetragener Verein" (e.V.), denn mit einem Verein lässt sich nur schwer Geld verdienen. Die meisten Vereine, die sich als Idealvereine verstehen, können Gewinnerzielung nicht zum Vereinszweck erklären. Zudem ist der Organisationsaufwand bei Vereinen enorm: Man braucht Mitgliederversammlungen, Vorstandswahlen, Vorstandsentlastungen, und eine Mindestzahl von Mitgliedern ist erforderlich.

Tatsächlich gibt es aber einige Improtheater, die als eingetragene Vereine organisiert sind. Der große Vorteil besteht darin, dass sich ein Verein besser fördern lässt. Erlangt man gar die Gemeinnützigkeit, etwa indem man sich auf soziale Projekte konzentriert, Integrationsarbeit leistet oder die kulturelle Leistung des Vereins betont, dann lassen sich Spenden an den Verein vom Spender steuerlich absetzen. Eingetragene Vereine unterliegen obendrein selbst günstigeren steuerlichen Bedingungen.

Man kann den Verein als Rechtsform vor allem dann in Erwägung ziehen, wenn die Projekte über das Kommerzielle hinausreichen, und das sind momentan insbesondere die Theaterpädagogik, Festivals sowie therapeutische, soziale und politische Projekte.

Probleme können dadurch entstehen, dass Vereine prinzipiell basisdemokratisch strukturiert sind. Das heißt, sie können sich von ihren Gründern „emanzipieren" und dadurch auch entfremden. Alles untersteht dem Vereinszweck und der Vereinsbasis. Eine hierarchische Führung ist dadurch weitaus schwerer. Das mag bei der Gründung des Vereins, wenn alle Mitglieder euphorisch sind und sich liebhaben, noch gar nicht als Problem erscheinen. Aber bedenkt, dass ihr früher oder später auf Schwierigkeiten stoßt, die ihr jetzt noch nicht überschaut. Auch wenn privates Vermögen oder auch Sachwerte in den Verein investiert wurde, ist es schwierig, diese später, wenn man wieder austritt, aus dem Verein einfach mitzunehmen.

Andere Rechtsformen

Für Gruppen mit vielen unterschiedlichen geschäftlichen Aktivitäten, die von einem kleinen Team geführt werden, eignet sich unter Umständen die *Partnergesellschaft.* Diese vor allem von Anwaltskanzleien genutzte Form hat gegenüber der GbR den Vorteil, dass nicht jedes Gesellschaftsmitglied mit dem Privatvermögen haftet, sondern nur der Partner, der das betreffende Geschäft eingegangen ist. Diese Rechtsform ist vor allem dann in Erwägung zu ziehen, wenn verschiedene Partner in unterschiedlichen Bereichen Geschäfte für die jeweilige Gruppe treffen (Festivals, Business-Theater, Workshop-Organisation usw.).

Eine *GmbH* wird wegen des hohen organisatorischen Aufwands nur für wenige Impro-Gruppen in Betracht kommen. Allerdings kann diese Rechtsform dann sinnvoll sein, wenn man eine größere Produktionsfirma führt, bei der das Improtheater eine Produktion unter vielen ist. Und umgekehrt kann es auch sinnvoll sein, eine externe Produktionsfirma einzubinden. Dadurch kann man die künstlerische Arbeit von der Verantwortung als Veranstalter und von eventuellen hohen Umsätzen und Haftungsfragen abgrenzen.

6.2.2 Versicherungen

Veranstaltungsversicherung

Sobald ihr eine Veranstaltung organisiert, haftet ihr für das, was im Zusammenhang damit geschehen kann, zum Beispiel:

- Schäden, die durch Aufbau von Bühnenteilen entstehen können,
- Schäden im Zusammenhang mit dem Anbringen von Werbemitteln,
- Verletzungen, die man anderen Ensemble-Mitgliedern zufügt,
- Schäden im Zusammenhang mit Security.

Das können Personenschäden aber auch Sachschäden sein. Eine persönliche Haftpflichtversicherung übernimmt diese in der Regel nicht, wenn klar ist, dass man hier als de facto professioneller Veranstalter aufgetreten ist.

Diese Versicherung wird nicht nötig sein, wenn die Betreiber des Veranstaltungsorts eine Betreiberhaftpflicht-Versicherung abgeschlossen haben. Ansonsten beträgt die Veranstaltungshaftpflichtversicherung (2019) für Theaterveranstaltungen in Deutschland ca. 27 Cent pro Gast.

Berufsunfähigkeitsversicherung

Ob man als Schauspieler eine Berufsunfähigkeitsversicherung benötigt, ist auch in der Branche umstritten. Diese Versicherungen sind gerade für Schauspieler vergleichsweise teuer. Überlegenswert ist es lediglich für den Fall, dass man a) ein relativ hohes Einkommen hat und b) für den Fall einer schweren Krankheit oder eines schweren Unfalls keine andere Tätigkeit mehr für sich erkennt *und* auf das hohe Einkommen nicht verzichten will. Bei Abschluss einer Berufsunfähigkeitsversicherung sollte man jedenfalls darauf achten, dass die „abstrakte Verweisung"[58] ausgeschlossen wird.

---

[58] Als abstrakte Verweisung bezeichnet man eine Vertragsklausel, die besagt, dass man im Ernstfall auf einen anderen Beruf (z.B. als Telefonist im Call-Center) verwiesen werden kann.

6.2.3 Künstler haben's gut – Die Künstlersozialkasse (KSK)

Wer je einem ausländischen Impro-Spieler von der deutschen Institution *Künstlersozialkasse* oder dem österreichischen Pendant *Künstler-Sozialversicherungsfonds* und ihrer Funktionsweise berichtet hat, wird die skeptischen bis bewundernden Blicke nicht vergessen.

Die Künstlersozialkasse ist, vereinfacht gesagt, eine Institution des deutschen Staates, die es den deutschen Künstlern, im Gegensatz zu anderen Selbständigen, ermöglicht, ihre Sozialbeiträge (also Rentenversicherung, Krankenkasse und Pflegeversicherung) lediglich in Höhe der entsprechenden Arbeitnehmer-Anteile zu bezahlen. Die Lücke wird von den Auftraggebern und dem Staat gedeckt.

Wie komme ich in die Künstlersozialkasse?

Sobald sich abzeichnet, dass aus einem Hobby eine regelmäßige Einnahmequelle wird und sich der Schritt in die künstlerische Selbständigkeit konkretisiert, kann man einen Eintritt in die KSK erwägen. Voraussetzungen für einen Eintritt sind:

- *Regelmäßiges* Einkommen als *Künstler* erwirtschaften.
  „Regelmäßig" bedeutet, es darf nicht nur vorübergehend sein. Wenn man also mit dem Gedanken spielt, nur mal für ein Jahr in die KSK einzutreten, sollte man das lieber lassen. Das Rein-Raus-Spiel hat man dort eher nicht so gern. „Als Künstler" bedeutet, dass man sein selbständiges *Haupteinkommen* nicht anderweitig, zum Beispiel als Business-Coach, erzielen darf.[59]
- Die Tätigkeit muss *selbständig* sein.
  Sobald man fest angestellt ist, egal ob als Schauspieler, als Schauspiellehrer oder als Sekretär, ist man nicht KSK-berechtigt. Davon gibt es Ausnahmen:
  a) Wenn du im laufenden oder vergangenen Jahr *kurzzeitig*

---

[59] Theaterpädagogen (auch für Improtheater) sind allerdings KSK-berechtigt.

befristet angestellt bist, musst du nicht befürchten, deswegen aus der KSK ausgeschlossen zu werden.

b) Wenn belegst, dass du zwar *noch* fest angestellt bist, aber kurz davor stehst, die abhängige Tätigkeit aufzugeben, dann ist eine Aufnahme in die KSK möglich.

- Das zu erwirtschaftende Einkommen darf *nicht geringfügig* sein.

Darunter versteht die Künstlersozialkasse im Jahr 2018 einen Betrag von 3.900,- Euro jährlich. Als Berufsanfänger darf man diesen noch unterschreiten. Hat man es nach drei Jahren jedoch nicht geschafft, ist es ohnehin ratsam, das Geschäftsmodell zu überdenken.

Glücklicherweise umfasst der Begriff des Künstlers bei der KSK viele Tätigkeiten, die typischerweise Neben- oder gar Haupttätigkeiten von Impro-Spielern sind, wie Theaterpädagoge, Autor, Musiker, Kabarettist, Moderator, Regisseur, Dichter, Coach. Aber auch wenn die Tätigkeit „improfremd" ist, zum Beispiel freier Fotograf, Designer oder freier Journalist und diese Tätigkeit als künstlerisch anerkannt wird, lohnt sich die KSK.

Um in die KSK zu kommen, muss man nachweisen, dass man in den letzten Monaten oder Jahren ernsthaft künstlerisch tätig war. Hier zählt jede Kleinigkeit, die man finden kann: Rechnungsbelege, Quittungen, Zeitungs-Ankündigungen über Auftritte, Anfragen, Flyer. Jeder Schnipsel ist hier unter Umständen von Belang.

Die Hinweise hier sind natürlich nicht vollständig. Aber ich will Zauderer ermutigen, den Sprung in die künstlerische Selbständigkeit zumindest zu erwägen. Die Versicherungskosten sind hierzulande das geringste Hindernis.

KSK – Wer zahlt wann die Beiträge?

Die Künstlersozialkasse bestreitet ihre Einnahmen vor allem von den Auftraggebern. Das heißt, sobald ihr als Improgruppe oder als Einzel-Impro-Spieler gebucht werdet, ist der Veranstalter verpflichtet, die Beiträge an die Künstlersozialkasse weiterzuleiten.

(Falls man euch einen Vertrag vorlegt, in dem ein Veranstalter versucht, diese Pflicht auf euch abzuwälzen, könnt ihr ihn getrost dennoch unterschreiben, da solche Passagen nichtig sind und ihr euch selbst nicht weiter darum kümmern müsst.)

Zahlen müsst ihr allerdings, wenn ihr selber einen Impro-Spieler oder andere Künstler bucht, d.h. wenn ihr die Veranstalter seid. Das ist für die meisten Gruppen dann der Fall, wenn sie Gastspieler für ihre Shows einladen oder Workshop-Coaches buchen. Wenn ihr eine GbR seid, könnt ihr das getrost über diese laufen lassen. Für die eigenen Mitglieder muss die GbR hingegen keine KSK-Abgaben bezahlen.

6.2.4   Amateur oder Profi – Abwägungen

Lohnt sich also das Risiko, Improtheater als Beruf anzugehen? Den Impro-Spielern geht es wie anderen Künstlern auch: Man braucht Talent, Durchhaltevermögen und ein bisschen Glück. In diesem Punkt unterscheiden wir uns nicht von Popmusikern, Bildhauern oder Schriftstellern. Von anderen freiberuflichen Unternehmern wie etwa Rechtsanwälten unterscheiden sich Künstler dadurch, dass der Erfolg viel weniger absehbar oder planbar ist. Aber zumindest lassen sich hier und da die Weichen so stellen, dass die Wahrscheinlichkeit des Erfolgs deutlich erhöht wird.

1. Lerne das Handwerk

Eine professionelle Schauspiel-Ausbildung ist enorm hilfreich, zumal sie einem nicht nur grundlegende Fähigkeiten fürs Improtheater vermittelt, sondern auch die Türen für potentielle lukrative zusätzliche Jobs öffnet, etwa im Film, im Fernsehen oder am Theater. Trainings in weiteren Bereichen des Improtheaters wie Schreiben, Tanzen verhelfen dir ebenso zu einem gewissen Vorsprung gegenüber Mitbewerbern.

2. Wäge ab, ob du Impro wirklich als Beruf betreiben willst

Es gibt einige Gründe, dafür sprechen, es als Hobby zu belassen, etwa wenn man wegen der familiären Situation keine größeren Risiken einzugehen bereit ist. Quereinsteiger neigen teilweise dazu, die Belastung und Unsicherheit des Schauspielberufs im Allgemeinen und die des Impro-Spielers im Besonderen zu unterschätzen. Improtheater kann sehr erfüllend sein, auch ohne dass man es in den Lebensmittelpunkt stellt.

3. Lege dir wenn nötig einen passenden Neben-Job zu

Gerade in der Anfangs-Phase investiert man deutlich mehr Geld in die Projekte als sie abwerfen. Wenn möglich, nimm einen Teilzeit-Job an, der dir genügend finanzielle Rückendeckung gibt und andererseits so dicht wie möglich am Thema dran ist, etwa Aushilfs-Jobs am Theater. Branchenferne Jobs sollten entweder inspirieren oder wenigstens so viel Geld abwerfen, dass du auch in die Kunst investieren kannst.

Wenn du knapp bei Kasse bist und noch Impro-Kurse belegen möchtest, kannst du fragen, ob du die Workshops „abarbeiten kannst" – an der Abendkasse, bei der Werbung usw.

6.2.5 „Kann man davon leben?" – Lukrative Jobs im Improtheater

Manchmal fühlen Besucher von Shows oder entfernte Verwandte dem Impro-Spieler auf den Zahn: „Und? Kann man denn davon überhaupt leben?" Die Frage ist natürlich berechtigt. Sie sehen vielleicht achtzig Zuschauer, multiplizieren die Zahl mit dem Eintrittspreis, dividieren durch die Anzahl der Spieler und fragen sich, wie das überhaupt funktionieren soll. In der Tat sind Impro-Spieler, die allein von regulären Impro-Shows leben, momentan eher die Ausnahme. Trotzdem gibt es inzwischen erstaunlich viele

Menschen, die auf die Eingangsfrage guten Gewissens mit „Ja"
antworten können.

Es gibt, grob gesprochen, zwei Karriere-Wege in den Beruf als
Impro-Spieler. Einer ist der der Theaterpädagogen, Berufs-Schau-
spieler und -Kabarettisten – also Leute, die schon von Anfang an
ein Leben für die Bühne geplant haben und die sich im Laufe ihres
Studiums oder ihrer Bühnenpraxis immer mehr zum Improtheater
hingezogen fühlten. Der andere Weg ist der der Quereinsteiger –
Menschen, die Improtheater in ihrer Freizeit oder als Randbeglei-
tung für ihre berufliche Tätigkeit entdeckt haben, irgendwann vom
Impro-Virus befallen sind und schließlich ihre alte Karriere an den
Nagel hängen oder entsprechend adaptieren.

Die Meisten brauchen also zusätzlich zu den regulären Impro-
Shows mindestens ein zweites Standbein. Das kann im Impro-
Bereich liegen, mit ihm verwandt sein oder auch völlig außerhalb
liegen, zum Beispiel indem man halbtags einen nicht-
künstlerischen Job ausübt, weil man ihn mag oder weil er eine gute
finanzielle Stütze bietet.

Verwandte Tätigkeiten sind zum Beispiel Comic-Zeichner,
Film-Schauspieler, Drehbuch-Autor, Dichter, Theaterpädagoge –
Bereiche, die von Impro befruchtet werden oder das Improtheater
selber befruchten.

Reguläre Impro-Shows

Von der finanziellen Seite sehen viele professionellen Impro-
Spieler ihre regulären Impro-Shows hauptsächlich als Werbe-Mittel
an bzw. als Quelle eines kleinen Zusatzverdienstes. Und in der Tat
sind mit den meisten Impro-Shows keine hohen Gewinne zu erzielen. Zu hoch sind die Kosten für Miete und Techniker, zu niedrig
der Eintrittspreis, zu groß die Zahl der beteiligten Künstler.

Auf der anderen Seite kann man überlegen, ob nicht an einigen
Stellschrauben gedreht werden kann, um die Rentabilität der einzelnen Show zu erhöhen:

- Oft lohnt es sich, die Preise erneut durchzukalkulieren. Spielt man an einem prominenten Ort eher für touristisches Publikum, das bereit ist, ein höheres Eintrittsgeld für „einen besonderen Abend" zu zahlen? Oder orientiert man auf studentisches Stammpublikum, das möglichst jede Woche kommen soll? Dann könnte es sich sogar lohnen, den Preis abzusenken, um einen höheren Umsatz zu generieren.

- Wirbt man an den richtigen Orten zur richtigen Zeit?

- Lohnt sich der Umzug an einen Spielort, wo sich mehr verdienen lässt?

- Ist eine Kooperation mit einem größeren Theater möglich, von dem die Gruppe für eine Spielzeit engagiert wird?

- Lässt sich die Show von privaten Sponsoren oder der öffentlichen Hand fördern?

Ob eine Show am Ende für die Impro-Künstler rentabel ist oder nicht, hängt besonders von der Qualität der Show ab. Mit einer durchweg und regelmäßig schlechten Show lässt sich auf Dauer kaum Geld verdienen. Natürlich beeinflussen auch äußere Umstände, welche Schritte man überhaupt gehen kann. Aber einem Spieler in einer guten Impro-Gruppe, die sich geschickt platziert und vermarktet, kann es mit ein bisschen Glück durchaus gelingen, an einem Show-Abend so viel zu verdienen wie ein durchschnittlicher Angestellter an einem Arbeitstag.

Workshops

Improtheater zu unterrichten, ist für professionelle Impro-Spieler ein üblicher Weg, *mit Improtheater* Geld zu verdienen. Das beste Argument dafür ist die relativ hohe Nachfrage. Improtheater ist inzwischen bekannt genug, um Aufmerksamkeit zu erregen und wird mit vielen positiven Attributen verknüpft – Spontaneität, Kooperationsfähigkeit, Kommunikations-Fähigkeit, Spaß, sich ausprobieren – die im Grunde jeder für sich gerne verbessern würde. Selbst bei bescheidenen Preisen kommt man bei einer angemessenen Mindestteilnehmerzahl schnell auf ein angemessenes Honorar.

Als Impro-Neuling gehe man das Unterrichten sachte an. Denn nur weil man eine Reihe von Impro-Games kennt, heißt das noch nicht, dass man ein Händchen dafür hat, sie auch zu lehren. Allerdings muss man den Markt nicht den studierten Theaterpädagogen überlassen. Vieles spricht für *Learning by Doing*, denn schließlich ist ein guter Lehrer immer noch sein bester Schüler.

Als pädagogischer Laie empfiehlt es sich, vorher in der eigenen Gruppe immer wieder Proben und Trainings zu übernehmen und gut auf das Feedback zu achten. Man frage sich: Welche Impro-Lehrer mag ich selbst, und welche Techniken kann ich von ihnen übernehmen?[60]

Als Impro-Lehrer erarbeitet man sich erst allmählich einen Ruf. Hat man erfolgreich gute Einsteiger-Workshops unterrichtet, ist die Wahrscheinlichkeit recht hoch, dass viele der Schüler auch bereit sind, an einem Nachfolge-Workshop teilzunehmen oder den Trainer als Unterstützer/Regisseur für die eigenen Shows zu engagieren. Mit der Zeit kann sich ein Improtheater seine eigene Schule und ein eigenes Kurs-System aufbauen. Man braucht Geduld, aber es lohnt sich.

Firmen-Veranstaltungen

Mehr und mehr Firmen sind bereit, anständige Gagen zu zahlen, um ihren Angestellten einen schönen Abend oder Nachmittag zu bieten. Durch die Popularisierung von Improtheater in den letzten Jahren gehört unsere Sub-Branche hier zu den Gewinnern.

Vor allem im November, wenn die Weihnachtsfeiern geplant werden, klingeln sich die Telefone der Impro-Büros auf dieser Welt warm. Um mit diesem Himmels-Manna rechnen zu können, braucht man auf jeden Fall eine Website, die einigermaßen profes-

---

[60] Siehe *Improvisationstheater Band 10: Improtheater unterrichten*

sionell wirkt und die nahelegt, dass man Spaß auf gutem Niveau bietet.

Die spannende Frage ist immer wieder: Wieviel Gage kann man aushandeln? Das Budget der Firmen variiert oft erheblich. Ich bin immer wieder erstaunt, wenn dem Vertreter eines Weltkonzerns die Hände gebunden sind, weil er nicht mehr als 300 Euro für die Weihnachtsfeier ausgeben darf, während eine kleine Brandenburger Kommune für die Mitarbeiter der Bildungseinrichtungen locker 2.000 Euro zahlt und man noch während des Gesprächs merkt, da wäre auch mehr drin gewesen.

Bei Verhandlungen sind vor allem zwei Dinge wichtig. Erstens, man muss seinen eigenen Preis kennen und zweitens, man muss sein Ziel kennen. Es ist ratsam, die Gage zunächst etwas höher anzusetzen. Ohne hier in die Tiefe von Verhandlungsstrategien einzutauchen, möchte ich ein paar grundlegende Tipps geben, wie man mit Firmen-Anfragen umgeht und was aus meiner Sicht die wichtigsten Dinge sind, die es zu berücksichtigen gilt.

1. Auf E-Mail-Anfragen telefonisch antworten

Schon aus geschäftsmäßiger Gewohnheit holen sich Firmen mehrere Angebote. Man erkennt das oft anhand standardmäßiger Formulierungen. Melde dich gleich telefonisch zurück. Das hat auch den Vorteil, dass man sich gleich nach den Details der Feier erkundigen kann, die aus der E-Mail nicht hervorgingen. Gutes und interessiertes Fragen signalisiert Interesse für den Kunden. Meistens kann man bei dieser Gelegenheit auch schon mal auf den Busch klopfen, wie hoch die Gage sein könnte und das schriftliche Angebot entsprechend formulieren.

Die Kunden haben durch das Telefonat schon mal einen ersten (hoffentlich positiven) Eindruck, und man hat sich einen Platz im Gedächtnis gesichert, wenn unter den Angeboten verglichen wird. („Ach, das war die nette Frau, mit der ich telefoniert habe, sie hat mich sehr kompetent beraten.")

2. Agiere am Telefon beratend und im „Ja und…"-Modus

Wenn die Firma oder Organisation keine Person für kulturelle Fragen und Veranstaltungsorganisation angestellt hat, kann man vom Ansprechpartner nicht unbedingt entsprechende Erfahrungen erwarten. Als Vertreter deines Improtheaters bist du durchaus ein Veranstaltungs-Experte und kannst auch als solcher auftreten. Was funktioniert? Was funktioniert weniger? Wichtig dabei ist, unseren guten alten Ja-und-Modus der Improvisation nicht zu verlieren. Firmen haben manchmal absonderliche Wünsche. Nimm sie wenigstens zur Kenntnis und ziehe sie in Erwägung.

3. Agiere beruhigend

„Wir verstehen, dass es alles improvisiert ist, aber wir wollen uns schon darauf verlassen, dass unsere Jahresabschluss-Feier allen positiv im Gedächtnis bleibt."

Die meisten Veranstalter sind besorgt, dass auch ja alles gut geht. Ein wichtiger Teil der Verhandlungen besteht oft darin, den Veranstaltern klarzumachen, dass Improvisation funktioniert. Und zwar ohne Absprachen. Wirklich! Ohne Absprache.

Bei Tagungs-Auftritten („zur Auflockerung der Teilnehmer"), halten es manche Veranstalter für wichtig, dass sich die Spieler vorher mehrere Vorträge, Workshops und Seminare anhören, um inhaltlich auf dem Stand zu sein. So sinnvoll es im Prinzip auch sein mag, sich zumindest grundlegend mit der Materie und Problematik einer Tagung vertraut zu machen, so überzogen ist dieses Ansinnen doch meistens für Schauspieler. Ich empfehle, behutsam davon abzuraten. Eine Ausnahme sind natürlich bestimmte Formen des Unternehmenstheaters (wie zum Beispiel *Spiegeltheater*), bei denen es zum Konzept gehört, den Verlauf einer Veranstaltung zu beobachten und darauf später oder auch unmittelbar zu reagieren. Manchmal sprechen auch logistische Gründe dafür, länger vor Ort zu sein. Oder der Vertreter der Firma hat sich das eben so in den Kopf gesetzt, und man will an dieser Frage den Deal nicht scheitern lassen. Dann darf man natürlich nicht vergessen, sich auch die *Zeit der Anwesenheit bezahlen* zu lassen.

4. Technik

Auch technische Fragen sollte man im Telefonat klar ansprechen. Mache Veranstalter denken zum Beispiel nicht daran, dass gedämpftes Restaurant-Licht die Weihnachtsfeier sicherlich gemütlicher macht, aber dann die zehn Meter entfernten Impro-Spieler nur noch als Schatten wahrgenommen werden.

Wenn die technischen Details besprochen sind, ist es sinnvoll, vor allem bei größeren Veranstaltungen, die Angaben schriftlich in einem Datenblatt („Tech Rider") zu fixieren, da die Rahmenbedingungen letztlich von Hausmeistern oder Technikern abhängen, die klare Angaben brauchen.[61]

5. Timing besprechen

Einige Organisatoren haben nur eine vage Vorstellung von dem Event und planen für die Show zu viel (seltener auch: zu wenig) Zeit ein. Wer eine Betriebs*feier* besucht, will in der Regel keine Zwei-Stunden-Show sehen, sondern sich mit seinen Kollegen unterhalten und amüsieren – eben feiern. Nur wenn es die Umstände nahelegen, etwa auf einer Messe, sollte man sich den Auftritt mit anderen Künstlern teilen.

Die Gäste sollten nicht mit hungrigem Magen die Show verfolgen. Und sie sollten noch nicht allzu viel Gelegenheit zum Alkohol-Trinken gehabt haben (denn jeder Tropfen Alkohol senkt das Niveau der Show).

---

[61] Ich rate allerdings dazu, keine standardmäßigen Tech-Rider zu versenden, da sich die Situation vor Ort sehr unterschiedlich gestalten kann. Bestimmte Beschränkungen (etwa Handmikrofone statt Head-Sets oder Backstage ohne Spiegel) kann man auch mal angesichts einer guten Gage oder eines liebenswerten Publikums in Kauf nehmen.

6. Den richtigen Preis verhandeln

Der Preis, den eine Firma für einen kurzen Auftritt zu zahlen bereit ist, variiert erheblich. Zwischen 200 und 5.000 Euro ist alles drin.[62] Aber wie findet man den angemessenen Preis heraus?

Zunächst ist es wichtig, sich selbst darüber im Klaren zu sein, wie hoch das Minimum ist, für das die Spieler bereit sind, für eine Firma aufzutreten. Auf der anderen Seite braucht man ein Gefühl für den Markt (der in der anhaltinischen Provinz sicherlich anders aussieht als in Zürich). Große Unternehmen, besonders aus dem Finanz- und Consultant-Bereich sind meist eher in der Lage, größere Summen zu zahlen, als etwa freie Träger sozialer Einrichtungen.

Fragt man gegen Ende eines angenehmen Gesprächs direkt nach: „Wie hoch wäre denn Ihr Budget?", sind viele Gesprächspartner erstaunlich offen und nennen eine Zahl. Hier wird man nur noch selten mehr als zehn Prozent nachverhandeln können. Ist man selbst gezwungen, den ersten Schritt zu gehen, kann man mit „Normalerweise nehmen wir..." eröffnen. Diese Summe kann ruhig hoch sein, sollte aber nicht im absurd hohen Bereich liegen. Beginnt man zum Beispiel bei 2.000 Euro und lässt sich dann auf 400 herunterhandeln, wirkt man eher unseriös.

Wenn das Budget der Firma zu niedrig ist, kann man schauen, ob man vom Angebot etwas verändern kann, zum Beispiel mit zwei statt mit drei Schauspielern auftreten.

7. Auf krasse Extra-Wünsche mit krassen Geld-Forderungen reagieren

Kein Wunsch ist zu abwegig, als dass er nicht von irgendeinem Veranstalter einmal geäußert werden könnte: Demütigende Kostüme, geistlose Walking Acts, während der Pause im Foyer spielen. Wenn der Verhandlungspartner von seiner fixen Idee nicht abzubringen ist, kann man durchaus mit „Ja und" reagieren. Man frage sich: Was wäre mir diese Überwindung wert? Nennt man dann

---

[62] Unter Umständen sind (zum Beispiel im Fernsehen oder auf Messen) auch höhere Sätze üblich.

einen absurd hohen Preis und die erwartbare Absage kommt, hat man zumindest für die sechs Sekunden, in denen der Veranstalter nach Luft schnappt, das Gefühl gehabt, den persönlichen Wert angemessen in die Höhe getrieben zu haben. Und falls er wider Erwarten doch zusagt, hat man sich in einer vielleicht etwas unangenehmen halben Stunde die Kosten für den Sommer-Urlaub erspielt.

8. Bestehe auf einem schriftlichen Vertrag

Auch wenn man die Auftraggeber persönlich kennt, ist ein schriftlicher Vertrag nötig. So beugt man möglichen Auseinandersetzungen vor, in denen man sich unterschiedlich an die Absprachen erinnert. Notfalls genügt hier eine Zusammenfassung und gegenseitige Bestätigung der Absprachen per E-Mail.[63]

Förderungen und Sponsoring

Will man mit Improtheater dauerhaft Geld verdienen, so tragen öffentliche Förderungen meist nur einen kleinen Teil bei. Allerdings ermöglichen einem Förderungen, neue künstlerische Wege zu gehen. Man kann Einzel-Veranstaltungen (zum Beispiel Festivals) fördern lassen oder auch Langzeitprojekte, wie etwa Improtheater mit Jugendlichen.

Wer sich fördern lassen will, muss sich darüber klarwerden, dass ein „Hallo! Wir sind neu und spielen jetzt auch Improtheater!" nur selten die kommunale oder Landes-Schatulle öffnet. Improtheater wird als Kleinkunst angesehen, die für sich gesehen noch nicht förderungswürdig ist. Aber es gibt Ausnahmen. Hellhörig werden die Förderer, wenn die „Produktion"

---

[63] Zum Inhalt eines solchen Vertrages siehe „Improvisationstheater. Band 9: Impro-Shows".

- nennenswerte Integrations-Leistung erbringen soll und sich zum Beispiel an Ausländer, Jugendliche oder Behinderte richtet oder sie gar einbezieht,
- ein bundesweites oder gar internationales Schlaglicht auf die Stadt wirft,[64]
- politisch relevant ist,
- künstlerisch neue Wege geht und mit Künstlern aus anderen Bereichen kooperiert.

Private Sponsoren wollen vor allem in einem positiven Kontext erwähnt werden. Die häufigste Form des privaten Sponsorings sind Medienpartnerschaften. Gerade bei Großprojekten wie Festivals lohnt es sich, ein paar Gedanken daran zu verschwenden, welche Art von Förderern möglich sind. Es liegt hier nahe, sich mit denjenigen zusammenzutun, mit denen man ohnehin zusammenarbeitet, zum Beispiel die örtliche Catering-Firma, das Hostel, in dem man seine Gäste unterbringt, der Radiosender, bei dem man wirbt. Aber man kann auch darüberhinaus seine Fühler ausstrecken. Banken und Sparkassen haben oft entsprechende Budgets, ebenso große Industrieunternehmen und kleine Technologie-Firmen. Wenn man kein Problem damit hat, deren Namen auf den Flyern des Impro-Theaters zu setzen, spricht nichts dagegen, diese Art der Unterstützung zu nutzen.

Business-Theater, Workshops und Coaching

Businesstheater ist im Grunde ein Überbegriff für Dutzende Ansätze, mit performativen und Coaching-Methoden, die Abläufe in einer Firma spielerisch aufzurollen und den Mitarbeitern Mittel in die Hand zu geben, mit ihren speziellen Problemen besser umgehen zu können.

---

[64] Das wäre zum Beispiel bei internationalen Festivals der Fall, wobei es hier natürlich ratsam ist, auch andere Förderer (Stiftungen, ausländische Botschaften und private Geldgeber) mit ins Boot zu holen.

Zunehmend suchen Firmen Beratungs-Angebote im „kreativen" Sektor. Der Markt wächst seit ein paar Jahren stetig, und es ist anzunehmen, dass immer mehr Impro-Spieler schon bald hier ihr finanzielles Standbein aufbauen werden.

Firmen fragen Improtheater aus zwei Gründen an: Die einen wollen „reine" Improtheater-Workshops, das heißt, sie vertrauen darauf, dass die Teams einfach durch das Impro-Spielen einen multiplen positiven Schub bekommen. Die anderen haben ganz konkrete Ziele, die sie mithilfe von Improtheater erreichen wollen, etwa die Förderung von Kreativität, die Verbesserung der Team-Kommunikation, der spielerische Umgang mit dem Problem von Hierarchien, Achtsamkeit, Positivität usw.

Für Ersteres empfehle ich zumindest solide Erfahrungen im Unterrichten von Impro-Anfängern.

Regelrechtes Team-Coaching bietet sich vor allem für Impro-Spieler an, die selber Erfahrungen in der Wirtschaft haben, bzw. die als Mediatoren oder Kommunikationstrainer arbeiten. Die Probleme, mit denen ihr hier konfrontiert werdet, sind komplex und lassen sich nicht allein mit ein paar Kreis-Spielen und Freeze-Tag-Szenen angehen. Falls ihr hier interessiert seid, lohnen sich Weiterbildungen im Bereich des Kommunikationstrainings.

Impro-Verwandtes

Impro-Spieler improvisieren auf vielen Ebenen gleichzeitig – Storytelling, Schauspiel, Dichtung, Musik, Regie, so dass sich immer wieder regelrechte Fach-Spezialisten entwickeln.

Diese Spezialisierungen lassen sich natürlich auch zu Geld machen. Die Chancen stehen nicht schlecht, dass deine Schriftstellerei, dein Schauspiel, deine Dichtung, deine Musik, deine Regie durchs Improtheaterspiel stark an Qualität gewinnen. Impro-Spieler sind regelmäßig kreativ und neigen auch dazu, über ihre Kreativität zu reflektieren. Sie sind durch ihren produktiven Umgang mit dem Scheitern weniger anfällig für Blockaden und haben mehr als nur die Spezialisten-Perspektive. Film- und Theater-

Regisseure mit Impro-Erfahrungen sind in der Regel einfühlsamer für die Schauspieler. Schriftsteller mit Impro-Hintergrund haben oft ein geschultes Ohr für Dialoge und eine Antenne für Plots und szenische Gestaltung. Schauspieler und Musiker sind freier in ihrer Darbietung und kleben nicht an dem, was man ihnen schwarz auf weiß vorsetzt.

Nicht selten fühlen sich Künstler von Improtheater angezogen und ziehen Inspiration aus diesem Genre für ihre künstlerische Haupttätigkeit. Andere finden *übers* Improtheater zum Schreiben, Theater-Spielen oder Filme-Drehen.

Für viele Impro-Spieler ist die parallele Beschäftigung mit Improtheater einerseits und der Lieblingskunst andererseits die ideale Lebensform. Ihre „Spezial-Kunst" verbindet sich mit dem Improtheater ideal und beide befruchten sich gegenseitig.

Keine dieser Tätigkeiten ist eine Geld-Verdien-Garantie. Um als Schriftsteller auf dem Buchmarkt zu bestehen oder um als Schauspieler größere Rollen im Film oder Fernsehen zu bekommen, braucht man neben Talent auch Glück, Ausdauer und ein dickes Fell.

Schmerzensgeld – Geld versus Freude

Warum spielen wir Improtheater? Natürlich weil es Spaß macht. Wer es wirklich auf das ganz große Geld abgesehen hat, sollte seine Berufswahl überdenken. Nichtsdestotrotz kann man, wie wir gesehen haben, von Improtheater auch gut leben.

Es gibt aber ein nicht zu leugnendes Spannungsverhältnis zwischen Geld und Freude, das wohl jeder professionelle Impro-Spieler schon mehr als einmal erlebt haben dürfte: Wenn man vor einem gut bezahlenden, aber komplett betrunkenen Publikum spielt, wenn der Saal zwar gut gefüllt ist, aber neunzig Prozent der Zuschauer besteht aus fünfzehnjährigen Schülern, die von ihrer kulturbeflissenen Lehrerin ins Theater geschleift wurden und sich nun vorgenommen haben, sich zu langweilen und zu pöbeln, wenn man dann auch noch von diesen ungünstigen Bedingungen so abgelenkt ist, dass man deutlich unter seinem Niveau spielt, dann kann man nur hoffen, dass die Gage gut genug ist, um den Schmerz wieder zu heilen. Ich spreche in solchen Fällen von *Schmerzensgeld.*

Schmerzensgeld hilft zwar (so wie das in Zivilprozessen zu zahlende Schmerzensgeld), über den aktuellen Schmerz hinwegzutrösten, aber es bleiben Narben. Damit meine ich nicht, dass man sich noch lange über eine schlechte Show oder gar über das Publikum ärgert, sondern dass man spürt, wie die Kunst ins Leere gehen kann. Wer fast nur noch oder größtenteils für Schmerzensgeld spielt, korrumpiert die Künstlerseele und die Kunst selbst.

Künstler brauchen eine gute Balance zwischen Geld und Freude. Wenn sich Geld und Freude ergänzen, ist das wunderbar. Aber wenn die Freude versiegt, betrügen wir uns.

Natürlich reagieren verschiedene Spieler unterschiedlich auf die Zumutungen verschiedener Jobs. Manch einem liegt das Impro-Unterrichten zum Beispiel gar nicht. Für Andere sind Firmen-Veranstaltungen der blanke Horror. Manche Dinge muss man auch ein paar Mal ausprobieren, bis man für sich selbst den richtigen Zugang gefunden hat.

Ich habe für mich ein paar Regeln aufgestellt, die die Leser für sich und das eigene Wohlbefinden anpassen mögen:

- Auftritte bei Firmen-Veranstaltungen sind trotz aller Absprachen oft unberechenbar. Setze die Gage so hoch an, dass sie gut als Schmerzensgeld durchgeht, falls der Auftritt unbefriedigend ist.
- Auftritte bei Messen und Open-Air-Veranstaltungen sind mit sehr hoher Wahrscheinlichkeit unbefriedigend. Setze die Gage dermaßen hoch an, dass du danach eine Weile keine Messe-Auftritte mehr absolvieren musst.
- Spiele auch vor einem mäßig interessierten Publikum so intelligent wie möglich, um deine Kunst wach und sauber zu halten. Sich auf ein angenommen niedriges Niveau zu begeben, verdirbt den Charakter.

- Lasse dich auf Benefiz-Shows nur ausnahmsweise ein, und auch nur wenn du sämtliche technische Fragen geklärt hast![65]
- Bei *Festivals* sind Gagen eher die Ausnahme. Die Freude am Miteinander und am künstlerischen Austausch überwiegen hier aber in der Regel, so dass man frohen Herzens zusagen kann.
- „Sie können ja für sich Werbung machen." Wenn dieser Satz fällt, sollten alle Alarm-Lampen angehen. Einer Firma oder einer öffentlichen Institution, kann man ruhig erklären, dass man prinzipiell nur für Geld arbeitet.[66] Selbst wenn eine Gruppe ganz am Anfang steht und Werbung dringend nötig hat, stellt sich der angebliche Werbe-Effekt auf diese Weise nur selten ein. Eine Ausnahme sind Impro-Jams und Open-Stage-Auftritte, die Spaß bereiten und bei denen man sich wirklich bekannt machen kann.

6.3 Eine Handvoll Tipps für Profis und solche, die es werden wollen

6.3.1 Berufseinsteiger

Nebenjobs

Wenn du auf dem Wege bist, Improtheater zu deiner Haupttätigkeit zu machen, stehst du vor dem Dilemma, dir einerseits eine Reputation als Improvisierer aufzubauen zu und andererseits dei-

---

[65] Die Veranstalter von Benefiz-Shows neigen dazu, technische und PR-Fragen außer Acht zu lassen, da sie finanziell kein Risiko eingehen. Ausführlich dazu: *„Improvisationstheater. Band 9: Impro-Shows"*.

[66] Solche Gratis-Tätigkeiten werden fast ausschließlich von Künstlern erwartet. Ich empfehle dennoch, solche Ansinnen freundlich abzulehnen.

nen Lebensunterhalt verdienen zu müssen. Ich sehe hier zwei Optionen:

Die eine Möglichkeit ist ein Job, der mit deinem Hauptziel (Improtheater) so nahe wie möglich verwandt ist: Synchron-Sprecher, TV-Statist, Bühnentechniker, Schriftsteller, Comedian, Animateur, Regie-Assistenz usw. Auf diese Weise schlägst du zwei Fliegen mit einer Klappe: Erstens finanzierst du dir dein Leben und zweitens trainierst du parallel wichtige Fähigkeiten, die dir fürs Improtheater gebrauchen kannst. Die Nähe zum anvisierten Berufsziel rechtfertigt ab und zu kleinere Kompromisse im finanziellen Bereich.

Die zweite Möglichkeit ist ein Job, der so gut bezahlt ist, dass er dir die finanzielle Freiheit verschafft, dich langfristig mehr mit Improtheater zu beschäftigen. So kannst du dir Geld ansparen, um für die erste Zeit der Selbständigkeit besser über die Runden zu kommen, kannst dir Impro-Trainings leisten und eventuell erste Investitionen für das eigene Ensemble vorschießen.

Gründungszuschuss

Um in die Selbständigkeit zu gleiten, kann man in Deutschland versuchen, von der Bundesagentur für Arbeit einen Gründungszuschuss zu erlangen. Dieser ist an ein paar Voraussetzungen geknüpft:

- Man muss mindestens einen Tag arbeitslos gewesen sein.
- Man braucht einen Anspruch auf mindestens 150 Tage Arbeitslosengeld.
- Man braucht einen Nachweis der „Tragfähigkeit der Existenzgründung". (Hier genügt meist das Gutachten eines Steuerberaters.)
- Man muss die fachliche Eignung nachweisen. Hier hilft jedes Stückchen Papier, das darauf hinweist, dass du ernsthaft Schauspieler werden willst: Abschlüsse, Zertifikate, Nachweise über bisherige Auftritte, kurze Jobs in der Branche usw.

Der Gründungszuschuss ist immer Ermessenssache. Je glaubwürdiger der Antrag und der Businessplan sind, umso höher ist die Wahrscheinlichkeit, dass der Zuschuss gewährt wird. In den ersten sechs Monaten erhalten die Existenzgründer zur Sicherung des Lebensunterhaltes einen Zuschuss in der Höhe ihres zuletzt gewährten Arbeitslosengeldes plus 300 Euro für die soziale Absicherung. Für weitere neun Monate bleibt es bei diesen 300 Euro.[67]

6.3.2   Herausforderungen des selbständigen Künstlers

Habe einen geregelten Tagesablauf.

Über die eigene Zeit frei verfügen zu können und nur wenige von außen festgelegte Termine zu haben, ist einerseits eine große Befreiung, andererseits aber auch eine große Herausforderung, gerade für uns Impro-Spieler, die wir gelernt haben, reflexhaft zu allem Ja zu sagen, was man uns anbietet.

Hab ausreichend Schlaf.

Schlaf hält uns nicht nur gesund, sondern auch kreativ.[68] Eine große Verführung von Improvisierern sehe ich darin, vor allem die Abende der Aufführung ewig in die Länge zu ziehen und dann nicht ins Bett zu kommen. Viele Impro-Spieler reden sich damit heraus, vom Schlaftypus Nachteulen zu sein. Das mag auf einige zutreffen, bei anderen erzählt der permanent verpennte Gesichtsausdruck eine andere Story, insbesondere wenn sich herausstellt, was sie denn nachts tun. Wenn du die Nacht damit verbringst, zu zocken oder dir Serien reinzuziehen, ist es egal, ob du früher Vogel

---

[67] Die Beschreibung bezieht sich auf den Stand der Dinge im Jahr 2018. Gerade in dem Bereich dieser Förderungen ändern sich die Gesetze alle paar Jahre. Und es lohnt sich, genauer nachzuschlagen.

[68] Matthew Walker: *„Why we sleep"*

oder Nachteule bist – du verplemperst deine Zeit. Die Faustregel lautet daher: Ins Bett so früh wie möglich.

Mäßige deinen Alkoholkonsum.

Schätzungsweise dreißig Prozent meiner unmittelbaren professionellen Künstlerkollegen haben oder hatten ein schweres bis mittelschweres Alkoholproblem. Bei einigen ging der Alkoholismus mit Depressionen einher. Und manche gaben am Ende gar ihre künstlerische Tätigkeit auf.

Als Impro-Schauspieler sind wir mehrfach gefährdet. Erstens fehlt uns ein soziales Umfeld, das uns davon abhält, während der Arbeitszeit zu trinken. Das Gläschen vor der Show oder während der Probe wird von Kollegen oft kommentarlos hingenommen. Zweitens, fällt die Hauptarbeitszeit in die Abendstunden, in denen Alkoholkonsum eher akzeptiert wird. Drittens, eine gelungene Show klingt meist mit Alkohol aus. Bisweilen schließen sich an die Shows Partys an, und man will kein Spielverderber sein. Und je mehr gelungene Shows zur Routine werden, umso mehr wird auch der Alkohol zur Routine. Kenne deine Grenze und bleib darunter.

Deine erste Arbeit am Tag sei kreativ.

Wenn man die Tagesabläufe bekannter erfolgreicher Künstler betrachtet, wird man sehen, dass diejenigen, die über eine lange Zeit erfolgreich waren, fast immer den Vormittag kreativ begannen. Schreib ein Gedicht, besuch einen vormittäglichen Tanz- oder Schauspielkurs, gehe auf Foto-Tour, improvisiere eine Melodie auf einem Musikinstrument oder schreib wenigstens eine halbe Stunde Tagebuch. Der psychologische Effekt ist frappierend: Man hat das Gefühl, sich künstlerisch geeicht zu haben. Man hat nicht nur etwas geschafft, sondern etwas geschaffen. Wenn man umgekehrt den Tag mit E-Mails und Büro-Arbeiten beginnt, hat man schneller das Gefühl, in einer Tretmühle gefangen zu sein. Gegen 15 Uhr haben die meisten Menschen ihren kreativen Tiefpunkt erreicht.

Daher liegt es nahe, Arbeiten, die weniger Konzentration verlangen, eher auf den Nachmittag zu verlegen.

Lege zwischen deinen Tätigkeiten eine kleine meditative Pause ein.

Insbesondere wenn du von einem Job aus zu einem Auftritt fährst, solltest du deine Gedanken „reinigen". Dafür genügen schon fünf ungestörte Minuten, in denen du dich lediglich auf deinen Atem konzentrierst. Das Ventilieren von Sorgen ist keine Pause in diesem Sinne. Internet-Filmchen, Games und Soziale Medien schon gar nicht.

Hab ein Leben außerhalb von Impro.

Improtheater ist manchmal wie eine Sucht: Man erfährt Sofort-Bestätigung, es ist immer wieder neu, es regt die Kreativität an, und man ist mit Gleichgesinnten zusammen. Doch es ist wichtig, die anderen Dinge des Lebens nicht zu vernachlässigen. Plane gezielt Zeit für Familie und Freunde ein. Interessiere dich für Dinge, die nicht mit Impro zu tun haben –Kunst, Wissenschaft, Politik. Regelmäßige Zeit in der Natur relativiert die Perspektiven und lässt Geist und Körper zueinander finden.

Tritt einen Schritt zurück.

Im Jahr 2003 arbeitete ich praktisch jeden Tag. Ich war noch relativ neu in der Impro-Welt und bastelte an neuen Shows, bewarb sie, trainierte, schrieb ständig neue Geschichten, Songs, Stücke, und sprach mit jedem, der mir in die Quere kam, über Impro, Literatur und Musik. In jener Zeit las ich in einem Buch mit dem Titel „Free Play" diese Zeilen:

> „Die vielleicht radikalste sozialpolitische Erfindung der letzten viertausend Jahre war der Sabbat. Die Praxis des Sabbat (wenn wir einmal von den Verkrustungen der Regeln und Regulierungen, die ihm von den organisierten Religionen

übergestülpt werden, absehen) erkennt an, dass wir Raum
und Zeit benötigen, die von der Eile und den Belastungen
des Alltags frei ist, die wir uns dafür bewahren, in uns selbst
zu gehen, für Ruhe, Rückblick und Offenbarung."[69]

Zwar reflektierte ich schon damals ständig über meine Arbeit.
Aber mir wurde klar, dass ich mir im Grunde nie Zeit ließ, auch
Distanz zu ihr zu finden. Ich legte daraufhin einen Tag pro Woche
als Sabbat fest. Und in der Anfangszeit fiel mir das ungeheuer
schwer. Inzwischen weiß ich nicht nur, dass die Distanz gut tut, ich
genieße sie auch.

Sich einen arbeitsfreien Tag in der Woche zu nehmen, fällt natürlich besonders dann schwer, wenn ein lukratives Angebot winkt
oder man sich zum Beispiel auf einem Festival befindet. Hier muss
jeder seine Balance finden und überlegen, wie weit man bereit ist,
Kompromisse einzugehen. Ich verlange zum Beispiel an meinem
Sabbat (der inzwischen der Sonntag ist), eine deutlich höhere Gage, um mir dann einen anderen Tag freizunehmen und dann mehr
Zeit mit Familie und Freunden zu verbringen.

Für viele Künstler ist es auch schwierig, sich echten Urlaub zu
gönnen, meistens weil man glaubt, sich gerade jetzt keine Auszeit
leisten zu können. Doch so wie der Sabbat die kleine regelmäßige
Auszeit ist, brauchen wir auch eine große Auszeit, eine Zwangs-
pause. Die Gewerkschaften haben lange dafür gekämpft, dass man
in Deutschland einen vierwöchigen Mindesturlaub genießen kann.
Sei dein eigener Gewerkschafter und bestehe gegenüber deinem
Unternehmer-Ich auf deinen dir gesetzlich zustehenden Urlaub.

---

[69] Stephen Nachmanovitch: *„Free Play. Kreativität geschehen lassen"*

6.4   Geld innerhalb der Gruppe

6.4.1   Höhe des Eintrittsgelds

Grundüberlegungen zur Kalkulation

Ähnlich intensiv und teilweise ideologisch wie die Frage des Bühnen-Outfits wird die Höhe des Eintrittsgelds diskutiert. Der Diskutierer hat einen imaginären Besucher im Kopf, der oft ihm selbst gleicht – sparsam oder großzügig, wohlhabend oder arm, usw.

Um diese Frage *produktiv* zu diskutieren, sollte man vorher zwei Fragen klären:

Erstens, orientieren wir uns hauptsächlich an Stammpublikum oder an einmaligen Besuchern? Dies hat sehr viel mit dem Selbstverständnis und der Positionierung am Unterhaltungsmarkt zu tun. Wenn schon der Spielort im Zentrum der Touristenströme liegt und einen guten Ruf hat, wird man wohl eher versuchen, in diesen Touristenströmen zu fischen und sich über die zwanzig Prozent Stammzuschauer freuen.[70] Stammzuschauer wiederum sind sehr oft Menschen mit viel Zeit und eher wenig Geld – also junge Leute und Studenten. Wenn man also in einem Café oder einem Club mit überwiegend studentischem Milieu auftritt, liegt es nahe, den Eintrittspreis niedrig zu halten und auf Masse zu setzen.

Zweitens: Zielen wir eher auf Zuschauermassen oder auf Gewinn? Diese Frage müssen sich vor allem Gruppen stellen, die so erfolgreich sind, dass ihre Vorstellungen oft gut gefüllt sind. Im idealen Fall spielt man ständig vor ausverkauftem Haus und könnte die Preisschraube immer weiter anziehen. Das birgt jedoch die Gefahr, dass man den Gewinn zwar erhöht hat (und die mögliche Gage für die Spieler), aber man vertreibt möglicherweise auch treue Zuschauer, die die Fan-Basis darstellen und sich hohe Ein-

---

[70] Als Stammzuschauer möge man hier jene Zuschauer verstehen, die mindestens sechs Mal pro Jahr eure Show besuchen.

trittspreise schlicht nicht leisten können. Es geht also nicht nur darum, den idealen Eintrittspreis zu finden, der den höchsten Gewinn abwirft, sondern auch darum, sich darüber zu einigen, welche Zuschauer man mit der Preisgestaltung anzieht. [71]

Der Eintrittspreis lässt daher noch nicht darauf schließen, ob wir es mit Profis zu tun haben oder nicht. Eine Profi-Gruppe kann nämlich durchaus mit ihren preiswerten Shows an der eigenen Reputation arbeiten, den eigentlichen Gewinn aber woanders erzielen.

Ermäßigungen

Will man sich die Zuschauergruppe der Ermäßigten nicht entgehen lassen, sollte man ihnen deutlich entgegenkommen. Ich halte es für absolut gerechtfertigt, hier eine große Spannbreite zwischen vollem und ermäßigtem Tarif zuzulassen. Wenn der volle Preis zum Beispiel 16 Euro beträgt, ist für den ermäßigt Zahlenden 14 Euro meistens immer noch eine hohe Summe. (Wir sprechen ja hier nicht von Personen, die etwas weniger Gehalt als der Durchschnitt verdienen, sondern von jenen, die ein *sehr* geringes Einkommen haben.) Warum also nicht die Hälfte? Nur weil das „irgendwie komisch aussieht"?[72]

Gleittarif

Ein hübsches Modell taucht immer häufiger in einigen alternativ angehauchten Spielstätten auf: Der Gleittarif. Dieses Modell funktioniert folgendermaßen. An der hängt deutlich sichtbar ein Schild, auf dem die Preisspanne gut zu erkennen ist, zum Beispiel: „5 – 9 Euro nach eigenem Ermessen".

---

[71] Wenn man an zwei oder mehr Spielorten auftritt, ist vielleicht sogar *beides* möglich: Die eine lukrative Show finanziert die andere Show quer.

[72] Wenn ihr einen sehr niedrigen Eintrittspreis nehmt, weil euer Stammpublikum ohnehin hauptsächlich aus Geringverdienern besteht, dann erübrigt sich auch eine Ermäßigung.

Die Zuschauer zahlen den Preis, den sie selbst für angemessen halten. Angemessen *für sich selbst,* nicht für die Veranstaltung. Durch den angegebenen Preisrahmen signalisieren die Veranstalter, wieviel sie erwarten. Die Einnahmen pendeln sich, abhängig von der Klientel meistens irgendwo in der Mitte dieser Preisspanne ein. Das Modell des Gleittarifs funktioniert nur bei niedrigen bis mittleren Eintrittspreisen. Wer wirklich hohe Einnahmen erzielen will, muss mit Festpreisen arbeiten, da auch Normalverdiener bei hohen Eintrittspreisen bisweilen mit den Zähnen knirschen, auch wenn sie sie letztlich bezahlen.

Freikarten

Freikarten sind ein schönes Werbemittel, um sich ein volles Haus zu sichern. Die Kalkulation lautet: Zufriedene Gäste kommen wieder und bringen weitere Gäste mit. Man sollte allerdings mit den Freikarten nicht um sich werfen, sonst entsteht der Eindruck, dass die Sache nichts wert ist.

Natürlich kann man **Freunde und Bekannte** mit Freikarten versorgen, auch wenn meistens von vornherein keine Hoffnung besteht, dass diese zu den Stammgästen zählen werden. Immerhin füllen sie in den ersten Wochen, wenn man gerade eine Show aufbaut, das Haus und zählen zu den wohlwollenden Gästen, die für gute Stimmung sorgen.

Wer Impro-Workshops anbietet, kann auch die **Kursteilnehmer** gratis die Shows besuchen lassen. Das erhöht erstens den Wert der Workshops, zweitens lernen die Schüler auch durchs Zuschauen, drittens fördert es das Zusammengehörigkeitsgefühl der Kursteilnehmer und viertens fördert es die Bindung zwischen Spielern/Lehrern und den Schülern.

In einigen Städten gibt es **Freikartensysteme,** wie zum Beispiel Twotickets, die dafür gedacht sind, dass freie Kapazitäten aufgefüllt werden. Man kann diese Systeme nutzen, aber in Maßen. Es bietet sich vor allem dann an, wenn zu befürchten ist, dass der Zuschauerraum sonst schlecht gefüllt sein könnte oder wenn man aus Promo-Gründen absolut sicher gehen will, dass möglichst viele Plätze besetzt sind, zum Beispiel bei Shows, die sich noch etablieren, oder bei größeren Theatersport-Veranstaltungen. Das Problem bei diesen Systemen ist, dass sie keine Werbung generieren, denn die Teilnehmer dieser Systeme sind oft Event-Hopper und kommen eher selten wieder, selbst wenn es ihnen gefallen hat. Die Online-Bewertungen, die man hier bekommt, sind letztlich wieder nur für die Systemteilnehmer interessant.

Schließlich liegt es nahe, bei *Medien-Werbung*, zum Beispiel im Radio oder bei Facebook Freikarten zu verlosen. Der Werbe-Effekt springt durch die begrenzte (!) Freikartenzahl noch mal in die Höhe. Wer im Radio angerufen hat oder sich auf die Twitter- oder Facebook-Aktion gemeldet hat, spielt schon mal ernsthaft den möglichen Besuch durch und wird, auch wenn er nicht gewinnt, die Show mit höherer Wahrscheinlichkeit besuchen als wenn man die Werbung ohne Verlosungsaktion gesendet hätte.

Eine zwiespältige Frage ist, ob man Freikarten an die Presse geben sollte. Warum? Sind Presseberichte nicht die beste Werbung, die man sich wünschen kann? Im Prinzip ja. Und ich würde auch jedem Pressevertreter, der sich vorher angemeldet hat, freien Eintritt gewähren. Leider wedeln gerade in den Großstädten einige Menschen an der Kasse mit ihrem Presseausweis, um sich gratis einen netten Abend zu machen und versuchen gar auf diese Weise noch Freunde einzuschmuggeln.

Besonders gut sollte man abwägen, wenn sich das Fernsehen ankündigt. Die erhoffte Werbewirksamkeit ist vor allem bei Regionalfernsehen niedrig. In jedem Falle instruiere man Fernseh-Teams und Fotografen, nicht während der Show herumzulaufen und das Theatererlebnis für alle zu mindern. Gebt hier entsprechende Instruktionen, wenn ihr eine Anfrage bekommt.

6.4.2   Ausschüttungen

Reguläre Shows

Anfängergruppen, die selten auftreten, werden von den Einnahmen eines Abends in der Regel einfach die Kosten abziehen und den Rest an die beteiligten Spieler ausschütten. Je größer der Aufwand wird, je mehr Shows man spielt und je mehr Personen am Zustandekommen einer Show beteiligt sind, umso komplizierter wird dieses Verfahren jedoch.

Was prinzipiell bei jeder Show feststeht, ist, dass die Fixkosten gedeckt werden müssen: Miete und Löhne für die Externen müssen bezahlt werden. Außerdem muss man Geld für Verwaltungs- und Werbungskosten sowie allgemeine Ausgaben für die Gruppenkasse zurücklegen.

Bei kleineren Gruppen läuft es dann, vor allem zu Beginn des regelmäßigen Auftretens, schnell auf ein Minussummenspiel hinaus. Das kann für die Spieler zunächst frustrierend sein, wenn sie damit gerechnet haben, am Abend wenigstens die Kosten für die Heimfahrt zu erspielen. Stellt euch darauf ein, dass die ersten ein, zwei Jahre die Zeit der Investition sind. Bedenkt, dass man euch noch nicht kennt. Selbst wenn ihr die beste Newcomer-Truppe des gesamten Kontinents seid, müsst ihr euch erst einmal einen Namen erarbeiten. Ihr werdet in Werbung investieren müssen und eurer künstlerischen Entwicklung Zeit geben. Euer potentielles Publikum braucht ebenfalls Zeit, euch kennenzulernen.

Wenn ihr nicht gerade regelmäßig in ausverkauften Häusern spielt und ihr euch auch keine Vergrößerung wünscht, dann liegt es nahe, sobald die Einnahmen einigermaßen fließen, dreißig Prozent für Werbung zurückzulegen. Denkt daran, auch genügend Geld für unvorhergesehene Ausgaben in der Hinterhand bereitzuhalten. Ist die Gruppe groß oder ambitioniert genug, braucht ihr auch einen beträchtlichen Anteil für Verwaltungsaufgaben und Fortbildungen. Nach Abzug all dieser Kosten von den Einnahmen eines Abends bleibt hoffentlich noch genügend Geld für die Ausschüttung übrig. Und dafür gibt es im Prinzip zwei Möglichkeiten:

1. Ihr verteilt die Einnahmen sofort nach der Show auf alle be-teiligten Künstler. Der Vorteil hier ist die Unmittelbarkeit. Man spielt vor vollem Haus und bekommt viel Geld – alles toll. Man spielt vor mäßig gefülltem Haus und bekommt weniger – man merkt sofort, dass die Gruppe noch in Wer-bung und/oder Qualität investieren muss. Das Problem an diesem Modell ist, dass Spieler, die das Pech haben, an schlecht besuchten Abenden zu spielen, quasi zusätzlich be-straft werden.[73]
2. Alle bekommen eine festgelegte Gage, unabhängig von den Einnahmen. Man hat seine Gage zwar sicher, aber sie ist mehr oder weniger entkoppelt von der tatsächlichen Besu-cherzahl des Abends.

Man wird sich meistens für die erste Variante entscheiden, wenn die Einnahmen eher niedrig sind und die Spieler fast immer diesel-ben sind. Wenn ihr eine Dreiergruppe seid, die jede Woche in der gleichen Besetzung auftritt und am Abend im Schnitt 25,- Euro pro Person verdient, dann muss man keinen zusätzlichen Verwal-tungsschritt einführen.

Wenn sich aber zehn Spieler immer wieder abwechseln, liegt es nahe, das Risiko zu verteilen, allen die gleiche Gage auszuzahlen und am Ende des Jahres entweder den Rest auszuschütten oder (falls man im Negativ-Saldo gelandet ist) die garantierte Gage ab-zusenken.

In manchen Gruppen ist auch eine Mischform üblich: Die Einnahmen werden ausgeschüttet, aber es wird für schlecht be-suchte Abende eine Mindestgage garantiert, die aus einer Puffer-

---

[73] Diese Verteilungsform ist zumindest aus buchhalterischer Sicht nicht dauerhaft empfehlenswert. Sie ist allenfalls in der Anfangsphase einer kleinen Gruppe, die sich gerade findet, über kurze Zeit machbar.

Kasse gezahlt wird, für die an guten Abenden ein gewisser Prozentsatz einbehalten wird.

Externe Shows

Prinzipiell gibt es auch bei externen Shows (wie Firmen-Veranstaltungen, Galas und Messe-Auftritten) zwei Möglichkeiten, die Auszahlungen zu handhaben: Entweder bekommen die Spieler (eventuell mit kleineren Abzügen) die komplette Gage des Auftritts oder es wird eine Festgage für alle Auftretenden aller Events von vornherein festgelegt.

Da für die meisten Spieler der Spaß bei regulären Auftritten größer ist als bei gebuchten Shows, spricht einiges dafür, letztere höher zu vergüten, bzw. von vornherein festzulegen, dass jeder Spieler einen Großteil der Gage bekommt. Üblicherweise wird man hier auch Teile des Honorars für die Gruppe oder den Organisator einbehalten.

Die zweite Variante – Festlegen von einheitlichen Gagen – hat den Vorteil, dass sich einzelne Spieler nicht so schnell benachteiligt fühlen. Da die Gagen stark variieren und nicht jeder Spieler das Glück hat, ausschließlich in hoch bezahlten Shows mitzuwirken, könnte das zu Auseinandersetzungen in der Gruppe führen. Abgesehen davon muss jede Gruppe, bei der die Anfragen für gut bezahlte Jobs die Nachfrage der Spieler deutlich unterschreitet, sich überlegen, wie sie diese lukrativen Gigs verteilt, ohne für Frust zu sorgen: Los-Verfahren, Reihum-Prinzip usw.

Wenn die Gruppe nach außen als GbR in Erscheinung tritt, wird in der Regel die GbR auch die Verträge abschließen. Will man sich als kleinere Gruppe diesen formalen Stress nicht machen (und es ist nicht unwahrscheinlich, dass ihr auch als kleinere Gruppe ab und zu Anfragen bekommt), dann gibt es immer noch die Möglichkeit, dass jeder Spieler die Gage separat berechnet und von dieser Gage eine Verwaltungs-Abgabe an die Gruppenkasse beziehungsweise an die GbR zahlt.

6.4.3   Geld als Gruppenkitt

Wenn du in einer Gruppe spielst, die ordentlich gemanagt wird, gut besuchte Shows aufführt, regelmäßig für externe Shows gebucht wird und ein Workshop-Curriculum anbietet, dann hast du großes Glück. Zu wissen, dass das, wofür man brennt und in das man Leidenschaft hineinsteckt, einem auch noch das Leben finanziert, ist ein höchst angenehmes Gefühl und ein Zustand der Erfüllung, um den einen Nicht-Künstler regelmäßig beneiden.

Finanzieller Erfolg hat darüberhinaus noch einen angenehmen Nebeneffekt – er glättet kurzfristig die Wogen möglicher Gruppenkonflikte. Die Hitze des Streits, ob das Werbebanner mit gelber Schrift auf rotem Untergrund oder mit roter Schrift auf gelbem Untergrund über der Eingangstür des Theaters hängt, legt sich meistens, sobald das Publikum im vollen Saal begeistert applaudiert. Umgekehrt schaukeln sich solche Nichtigkeiten rasch zu existenziellen Fragen hoch, wenn die Zuschauer ausbleiben und jede Kleinigkeit so erscheint, als ob gerade sie zu Erfolg oder Misserfolg beitrüge.

Mit den regelmäßigen Zahlungen stellt sich somit auch ein Gefühl von Professionalität ein – man lässt kleinere Probleme nicht mehr so nahe an sich herankommen, schließlich erfüllt man ja hier seinen Job. Selbst ein schlecht besuchter Abend lässt sich leichter gemeinsam verdauen, wenn man weiß, dass man so oder so hinterher seine Gage bekommt. Ebenso steht es mit gruppeninternen Zwistigkeiten und künstlerischen Unstimmigkeiten. Sie verlieren an Bedeutung, sobald der Rubel rollt. Geld kittet so manchen Riss.

Das Problem ist nur, dass diese scheinbar heilende Wirkung manchmal nur anästhetisiert. Was wir unter den Teppich kehren, bekommen wir später wieder zu sehen. Das heißt nicht, dass wir wegen jedes Konfliktchens eine Supervision einleiten müssen. Aber wenn es im Gebälk des Gruppengefüges knirscht, wird Geld auf Dauer ebenso wenig helfen wie bei künstlerischen Problemen. Nur weil die Gruppe erfolgreich ist, entbindet es nicht von der Pflicht, die internen Beziehungen zu pflegen. Und natürlich darf der Erfolg nicht davon abhalten, sich über die künstlerische Weiterentwicklung Gedanken zu machen, sonst überholt einen die Entwicklung rascher als gedacht. Zwar heißt es „Never change a winning horse", aber wenn ihr über Jahre hinweg dieselbe Show mit den immergleichen Games spielt, ohne euch zu verändern, ohne euch Gedanken über Inhalt und Form zu machen, ohne euch nach außen für neue Impulse zu öffnen, dann kann es passieren, dass ihr die Verbindung zum Herzen eurer Kunst verliert und euer geliebter lukrativer Job am Ende wirklich nur noch „ein Job wie jeder andere" wird.

6.5   Bezahlung der Techniker, Musiker und externen Spieler

6.5.1   Bezahlung externer Techniker

Wenn nicht ihr Impro-Spieler selber die Licht- und Ton-Technik übernehmt (und viel spricht vor allem in großen Gruppen dafür, *dass* ihr den Technik-Part das tut), dann orientiert euch bei der Bezahlung *wenigstens* am Mindestlohn. Auch wenn bei manchen Amateurgruppen die Techniker Freunde oder Praktikanten sind, sollte man ihren Zeitaufwand wertschätzen. Schwierig ist die Frage zu beantworten, ob es auch ein Limit nach oben gibt. Sollen sich bei gut besuchten und bezahlten Shows die Techniker-Löhne an den hohen Gagen orientieren? Dafür spricht, dass ihr auf diese Weise gerade auch gute Techniker, die das Wesen der Technik-Impro verstanden haben, an euer Team bindet. Großzügigkeit ist eine Tugend, die selbst großzügig geübt werden will. Andererseits kann man sich auch fragen, ob der Aufwand der Techniker in jedem Fall so hoch ist wie der der Schauspieler. In manchen Shows tut der Techniker wenig mehr, als ab und zu ein *Black* zu setzen oder die Mikrofone einzurichten. Muss er dann für drei Stunden Arbeit ebenso 200,- Euro bekommen wie der Impro-Schauspieler, der einen hohen Aufwand in Ausbildung, Proben und Werbung gesteckt hat? Einen Profi-Techniker, der sein in langen Jahren erworbenes Wissen gezielt in die Shows investiert, kann man sicherlich auch anders bezahlen als einen Amateur, der nur die zwei Regler zu bedienen weiß.

6.5.2 Musiker

Wenn ihr eine Anfängergruppe seid, sucht euch einen guten Musiker und spart nicht am Geld. Begnügt euch nicht mit Freizeit-Klimperern. Musiker, die fähig und neugierig sind, findet ihr zum Beispiel an Musikhochschulen. Jazzmusiker bringen in der Regel schon ein gutes Gefühl fürs Miteinander in der Improvisation mit. Klassische Musiker haben oft ein gutes Gefühl fürs „Filmische" einer Szene sowie für Opern und Musicals. Mit Popmusikern seid ihr gut bedient, wenn ihr die Musiker vor allem als Begleiter für eure improvisierten Songs braucht.

Die Widersprüche bezüglich Geld und Freude, mit denen man als freischaffender Künstler zu leben hat, kennen Musiker mindestens so gut wie wir. Da müssen etwa virtuose Jazzmusiker ihr Geld als Hintergrundmusiker bei Hochzeitsfeiern und Filial-Eröffnungen verdienen, bei denen ihnen niemand zuhört und dann für wenig bis umsonst ihr wahres Können in von Kennern besuchten Konzerten zeigen.

Für Musiker stellt sich die Frage, ob sie euer Improtheater auf der Spaß- oder auf der Geld-Verdien-Seite einordnen. (Im besten Fall natürlich beides.) Wenn irgendwie möglich, bindet gute Musiker so nah wie möglich an eure Gruppe, entweder indem ihr sie als ordentliches Mitglied aufnehmt oder indem ihr sie als „assoziiertes Mitglied" zu möglichst vielen Proben einladet und am künstlerischen Entwicklungsprozess teilhaben lasst. Je näher die Bindung ist, umso eher werden sich die Musiker auch einbringen und so eher werden sie euch verzeihen, wenn die finanzielle Seite eher mau ist.

Auf jeden Fall bezahle man Musikern Gagen, die sie nicht an ihrem Beruf verzweifeln lassen. Musiker haben bei allem Engagement für die Gruppe meist noch eine etwas andere Sicht auf die Dinge – sie sind meist etwas abseits der Szene positioniert, und können sich daher unter Umständen von missratenen Szenen oder Shows eher innerlich distanzieren als Schauspieler, die noch viel direkter beteiligt waren. Geld kann hier ein hilfreicher Kitt sein, der über Misslungenes hinwegtröstet.

6.5.3 Externe Spieler

Seid auch mit externen Spielern so großzügig wie möglich. Wenn eine ganze Gruppe mehrere Kilometer weit reist, um mit euch ein Theatersport-Match aufzuführen, dann zahlt wenigstens Reisekosten und sorgt für die Unterkunft.

Wenn ihr prominente Impro-Stars als Gäste in eure Show einladet, kann es sein, dass ihr etwas tiefer in die Tasche greifen müsst. Einige Spieler und Gruppen lassen sich erfolgreich managen und können es sich erlauben, deutlich höhere Gagen als üblich einzufordern. Sich auf lokale Usancen zu berufen, bringt da nicht viel.

Wenn ein Spieler im Ensemble ausfällt und ihr auf Ersatz-Spieler befreundeter Gruppen aus eurer Umgebung zurückgreift, solltet ihr ebenfalls spendabel sein. Das Minimum ist selbstverständlich die Höhe eurer Gage. Aber es kann auch nicht schaden, diese eventuell an den Betrag anzupassen, die der Spieler normalerweise in seiner Heimat-Gruppe bekommt oder zumindest entsprechend nach oben zu korrigieren.

Vor allem bei kleineren Gruppen hat es sich auch eingebürgert, sich einander gagenfrei zu besuchen: Wir bezahlen euch Reisekosten, Übernachtung und Verpflegung, und verpflichten uns im Gegenzug, bei oder mit euch gagenfrei aufzutreten.

6.5.4 Bezahlung externer Leistungen

Urheberrechtlich geschützte Werke, insbesondere Musik

Grundsätzlich ist jede Benutzung eines urheberrechtlich geschützten Werks bis zu siebzig Jahre nach dem Tod des Urhebers geschützt.[74] Wenn ihr auf der Bühne musiziert, wenn ihr bereits existierende Gedichte als Impro-Inspiration vortragt, wenn ihr Youtube-Filme zeigt, wenn ihr Fotos projiziert, wenn ihr für eure Werbe-Plakate Bilder nutzt, solltet ihr euch stets darüber informieren, ob die Werke frei nutzbar sind (auch hier gilt die Siebzig-Jahre-nach Tod-Frist) oder ob ihr der entsprechenden Verwertungsgesellschaft eine Gebühr zahlen müsst. Die für uns relevantesten Verwertungsgesellschaften sind:

- für Bilder: die VG Bild-Kunst
- für Texte: die VG Wort
- für Musik: die GEMA

Die GEMA sorgt in Deutschland dafür, dass musikalische Urheber für ihre Werke bezahlt werden. Auch als Veranstalter müsst ihr Gebühren an die Gema zahlen müsst. Das betrifft insbesondere die Musik, die vor und nach der Show sowie in der Pause als Hintergrundmusik läuft. Oft haben die Betreiber der Lokalität (besonders Cafés und Clubs) schon einen Deal mit der Gema, der die Hintergrundmusik einschließt. Diese Frage sollte mit den Betreibern noch vor dem ersten Auftritt geklärt werden.

Die etwas kompliziertere Frage ist, wie mit der Musik während der Show umgegangen wird. Hier sind mehrere Fälle zu unterscheiden:

1. Wenn der improvisierende Musiker nicht Mitglied der Gema ist, dann muss er nur dann Gema zahlen, wenn er gema-

---

[74] Wohlgemerkt *nicht* siebzig Jahre nach Erschaffung des Musikstücks. Das 1968 von Aretha Franklin geschriebene Lied „Think" wird also zum Beispiel erst im Jahr 2089 frei.

pflichtige Musik, zum Beispiel einen aktuellen Popsong, spielt.

2. Schwieriger ist es bei improvisierenden Gema-Mitgliedern. Die Rechtsprechung in Deutschland geht derzeit davon aus, dass jede Improvisation eine schützenswerte Schöpfung ist, was dazu führt, dass die Impro-Gruppe theoretisch Gebühren an die Gema abführen müsste. Die meisten Gema-registrierten Impro-Musiker ziehen sich gemeinsam mit dem Ensemble so aus der Affäre, dass sie angeben, nur Gema-freie Musik gespielt zu haben, was die Gema in der Regel akzeptiert.

3. Im Zweifel meldet eure Shows vorher bei der Gema an, sonst werdet ihr im Nachhinein geschätzt und zahlt in der Regel mehr.

Werbung und Assistenten

Wenn ihr nicht in der glücklichen Position seid, einen Designer an Bord zu haben, der euch gratis sämtliche Flyer und die Website gestaltet, solltet ihr euch einen kleinen Fonds für diese immer wieder auftretenden Kosten zulegen. Mit professioneller Fotografie, Website-Gestaltung und Werbemittel-Design kommt man schnell auf Summen, die nicht mal schnell aus der Portokasse finanziert werden können.

Besonders in Zeiten der Gruppen-Gründung sind die Ausgaben relativ hoch. Danach sollte man sich für Werbung und ähnliche Kosten ca. 20 - 30 Prozent der Gewinne zurücklegen.

7 WERBUNG UND SELBSTDARSTELLUNG

7.1   Outfit[75]

Von allen Nicht-Impro-Themen, die mit großer Vehemenz diskutiert werden, kommt die der Bühnenkleidung gleich nach der Namens-Frage. Hier gibt es natürlich keine klaren Regeln, allenfalls eine Handvoll Bühnenerfordernisse und Gesetzmäßigkeiten der Wahrnehmung.

7.1.1   Praktikabilität

Ihr spielt Theater, das heißt, ihr müsst euch bewegen. Und da ihr alle möglichen Charaktere spielen werdet, hat sich Kleidung, die eure Bewegungsfreiheit einschränkt, schon erledigt. Das gilt sowohl für zu enge als auch für zu weite oder zu freizügige Kleidungsstücke:

---

[75] Den Spezialfall der Kostüme behandeln wir in *„Improvisationstheater Band 9 „Impro-Shows"*.

- **Schuhe**

  In Highheels wirst du immer wie jemand laufen, die Highheels trägt. Stiefel, wenn sie nicht sehr leicht und sehr bequem sind, schränken durch ihre Massigkeit, ihr Gepolter und ihren Zwang zu versteifter Bewegung, die Flexibilität auf der Bühne ein. Sandalen wiederum wirken zu nackt.

- **Robustheit**

  Die Bühnenkleidung muss so robust sein, dass sie auch mal einen Rutscher auf dem Boden verträgt, ohne zu zerreißen. Wenn du schicke Anzüge trägst, solltest du dir vorher darüber im Klaren sein, ob du bereit bist, dich mit ihr auf den Boden zu setzen. Wenn du das nicht willst, solltest du auf andere Kleidung zurückgreifen.

- **Miniröcke und Blusen mit tiefem Ausschnitt** sorgen dafür, dass du dich nicht bücken, hocken oder sonst wie flexibel bewegen kannst, und sind daher die falsche Wahl.

7.1.2   Aufputzen oder locker bleiben?

Viel spricht dafür, sich ein bisschen aufzuputzen: Wer aussieht, als trüge er das T-Shirt, in dem er noch gestern seinen Mittagsschlaf gemacht hat, wirkt nachlässig, ja gleichgültig. Schließlich steht man auf der Bühne, um angeschaut zu werden. Die Kleidung ist Teil unserer Präsenz. Wenn man sich darauf einigen kann, dass ein bisschen Aufputz nicht schadet, ist immer noch die Frage: Wieviel?

Es kursieren in der Impro-Szene einige Faustregeln: „Sei stets besser gekleidet als dein Publikum." oder „Kleide dich wie beim ersten Date." oder „Sei so gut gekleidet wie bei einem Bewerbungsgespräch."

Die Auswahl der Kleidung sollte in jedem Fall eine *bewusste Wahl* sein.

Es gibt aber auch ein Limit nach oben. Die Kleidung darf nicht dermaßen schick und fein sein, dass sie uns beim Spielen behindert oder von den Figuren ablenkt.

Alltagskleidung hat den Effekt, dass die vierte Wand porös wird. Die Spieler sehen aus wie du und ich. Man kann sich leichter mit ihnen identifizieren, die Show wird transparenter. Gepflegte Alltagskleidung ist auf jeden Fall für Shows empfehlenswert, in denen es nicht um großes Theater geht. Wenn in einer einstündigen Show in einem Studentencafé eine Handvoll amüsanter Impro-Games gespielt werden, würde ein allzu fein gekleidetes Ensemble sicherlich etwas prätentiös wirken. Die Bereitschaft des Publikums, bei Mitmachspielen auf die Bühne zu kommen, ist ebenfalls höher, wenn die durch die Kleidung markierte Distanz geringer ist. Einfarbige Hemden oder Poloshirts und gepflegte, dunkle Hosen bieten sich bei solchen Gelegenheiten an.

Was aber, wenn das Impro-Ensemble zu einem Business-Event gebucht wird? Es wäre ein Fehler anzunehmen, dass man als Theater nicht ernst genommen würde, wenn man nicht ebenfalls in Geschäfts-Anzug und Krawatte auftritt. Bedenkt, dass man euch als Unterhalter und als Schauspieler gebucht hat, die den Laden ein bisschen auflockern sollen, nicht als superseriöse Business-Partner. Mit hellem Hemd oder heller Bluse und dunklen Hosen liegt man hier meistens gut. Krawatten und Business-Kostüm darf man zuhause lassen.[76]

Ein heikler Punkt ist für einige junge Leute auch, dass gute Kleidung Geld kostet – eine Ausgabe, die für viele Menschen prioritär ist, bei anderen kommt sie an vorletzter Stelle. Dies zu debattieren, kann sehr schwierig werden, bis hin zur gegenseitigen ideologischen Blockade. Bleibt auch hier offen füreinander. Akzeptiert die finanziellen Nöte und findet Lösungen. So gibt es ja auch eine Menge Second-Hand-Läden, in denen man für relativ wenig Geld einigermaßen schicke Kleidung kaufen kann. Wenn einige in der Gruppe ein generelles Problem damit haben, sich aufzubrezeln und das größte Zugeständnis schon darin besteht, die Hose mit den wenigsten Löchern zu tragen, müsst ihr irgendeine Art von

---

[76] Eine Ausnahme ist selbstverständlich, wenn die Auftraggeber auf einer bestimmten Kleiderordnung bestehen, etwa zu bestimmten Anlässen oder Motto-Partys.

Kompromiss finden, statt mit „Dann macht eben jeder, was er will" zu resignieren.

Wenn ihr euch dafür entschließt, euch locker zu kleiden, ist ein einheitlicher Stil keine schlechte Idee. Ein Polo-Shirt kann sich zum Beispiel jeder leisten. Das Legere wird durch die Einheitlichkeit aufgewertet.

„Jeder schick im eigenen Stil" bringt die individuelle Vielfalt schön zum Ausdruck. In der Fülle der Outfits, die sich mit der Persönlichkeit der Spieler mischen, ergibt sich eine Fülle von Spieler-Persönlichkeiten.[77]

Für welchen Stil ihr euch auch immer entscheidet – kommt in geputzten Schuhen. Gute Schuhe werten jede Garderobe auf. Kaputte oder schmutzige Schuhe verderben jeden noch so guten Eindruck. Barfuß-Spiel sollte, wenn es nicht formal gerechtfertigt ist, Tanz-Improvisationen vorbehalten bleiben.

Denkt daran, dass ihr Charaktere in Szenen auf der Bühne spielt. Eure Kleidung sollte nicht davon ablenken. Wenn dich die Zuschauer in Hulk-Hogan-T-Shirt, Tank Top oder Abendkleid auf der Bühne sehen, werden sie wahrscheinlich weniger davon abstrahieren können als wenn du einfache, neutrale Kleidung trägst. So schick oder originell die Kleidung auch sein mag – wenn sie der Szene und der Figur den Fokus raubt, hat sie ihr Ziel verfehlt. Es lenken ab:

- Kaputte oder zerschlissene Kleidung (auch fertig-zerrissene „ripped" Jeans),
- Schmutzige Kleidung, schmutzige Schuhe,
- T-Shirts mit großen, markanten Aufdrucken,

---

[77] In einem Interview mit Ray Manzarek, dem Keyboarder der Doors, meinte dieser: „Einer musste ja die Lederhosen tragen. Und das war Jim Morrison." Eine College-Studentin namens Milagros, deren Impro-Gruppe im College in den Pausen kurze Show-Einlagen spielte, berichtete begeistert von einem ihrer Mitspieler der immer in alten Militäruniformen spielte (in denen er im Übrigen auch zum Unterricht kam). Er war der, der im Doorsschen Sinne „die Lederhosen trug".

- Nackte Bäuche und Beine (auch wenn es ein heißer Sommertag ist, tragt lange, lockere Hosen, da müsst ihr durch),
- Vordergründiger Schmuck,
- Haare, die immer wieder ins Gesicht fallen und herausgeschoben werden müssen.

7.1.3 Die Kraft der Gemeinsamkeit – und ihre Schwäche

Ein Ensemble, das sich gleich kleidet, strahlt Gemeinsamkeit aus. Die Verbundenheit der Spieler zueinander wird unterstrichen.

> Das Ensemble *Holterdiepolter* tritt in recht origineller Einheitskluft auf: Dunkle Hosen, weiße Hemden, Hosenträger. Man muss sagen, dass diese Kombination geradezu genial ist: Die Eleganz wird durch die sichtbaren Hosenträger leicht ironisiert. Und die Uniformität bleibt dennoch dynamisch.
>
> Beim Improtheater *Foxy Freestyle,* das in Kleiderfragen eher zu Diversität neigte, erschienen eines Tages die vier Spieler rein zufällig in Doppel-Identität: Zwei in weiß-blauen Streifenshirts mit Jeans, zwei andere in rotem Poloshirt mit Khakihose. Selbst die Schuhe waren ähnlich. Es wirkte wie gewollt, und der Effekt auf der Bühne war frappierend.

Für das Theatersport-Format ist Einheits-Kleidung für die Teams ohnehin aus rein praktischen Erwägungen empfehlenswert: Schließlich muss der Zuschauer die jeweiligen Spieler auch den Teams zuordnen können.

Ein Problem bei Einheitskleidung ist, dass man als Zuschauer manchmal die Spieler nur noch schwer auseinanderhalten kann. Das ist besonders dann der Fall, wenn sie ungefähr gleich alt bzw. gleich groß sind und ähnliche Haarfarbe haben. (Als Spieler selbst unterschätzt man die Ähnlichkeit.) Wenn aber die Zuschauer rätseln müssen, wer wer ist, sind sie von der Szene abgelenkt.

7.1.4   Back in black

Schwarz wirkt edel und hat einen Riesenvorteil: Es ist auf der Bühne die neutrale Farbe. Schwarz lässt eine Projektionsfläche für die Phantasie der Zuschauer. Wer Schwarz trägt, kann ein Kind oder einen alten Menschen, einen Busfahrer oder eine Lehrerin spielen, ohne dass man als Zuschauer die Dissonanz zwischen Kleidung und Figur in einem zusätzlichen gedanklichen Schritt in Übereinstimmung bringen muss. Farben markieren die Schauspieler. Schwarz markiert die Darstellung.

Und warum tragen dann nicht alle schwarz? Der Vorteil des Schwarz ist auch sein Nachteil: Da viele Bühnenhintergründe ebenfalls schwarz sind, kann sich die Figur und vor allem ihr Körper in der Bühne verlieren. Helle, leuchtende Farben ziehen die Aufmerksamkeit auf sich, schwarz neutralisiert. Die zusätzliche gedankliche Leistung, die die Zuschauer im Fall von schwarzer Kleidung erbringen müssen, ist die Differenzierung der Schauspieler, wenn die Darstellung untereinander nicht verschieden genug ist. Außerdem ermüdet einheitliches Schwarz beim Zuschauen.

7.2   Internet-Werbung

7.2.1   Soziale Medien

Im Bereich der Sozialen Medien wandelt sich die Relevanz der Medien alle drei, vier Jahre. Um die Jahrtausendwende waren Gästebücher auf Webseiten das große Ding. Es folgten Blogs, MySpace und das inzwischen ausgestorbene StudiVZ. Diese wurden in ihrer Popularität von Youtube, Facebook und Twitter abgelöst. Es folgten Mischformen wie Tumblr, Instagram und Whatsapp. Und wahrscheinlich wird gerade der nächste Hype vorbereitet, der Einiges, was ich schreibe, schon bald obsolet erscheinen lässt.

Entscheidend bei jeder Art von Werbung in Sozialen Medien ist, dass es nicht zu sehr nach Werbung aussehen sollte. Ein Medium wie Facebook ist voll von Aufmerksamkeitssuchern. Wer andauernd Werbung postet, die keinerlei Unterhaltungsmehrwert hat, wird ausgeblendet, entweder aktiv, indem eine Seite „entliket" wird oder indem man als Leser innerlich abschaltet. Mit anderen Worten: Steckt genügend Kreativität in eure Sozialmedien-Werbung. Einfach nur wöchentlich das immer gleiche Foto von euren sechs Theatersport-Köpfen wird auf Dauer langweilig. Denkt um die Ecke. Malt Bilder. Gebt Kommentare zu aktuellen Ereignissen und verknüpft sie mit dem Namen eurer Gruppe bzw. eurer Show. Wenn ihr genügend Coolness ausstrahlt, wenn ihr interessant seid, werdet ihr zum Gesprächsthema, dann werden eure Veranstaltungshinweise geteilt und weitergeleitet. Werbung, die nur Werbung ist, gleicht der Predigt für die Bekehrten: Man weist dann lediglich diejenigen darauf hin, die einen ohnehin schon kennen. Gute Werbung weist über sich hinaus.

Videos bei Vimeo, Youtube oder Facebook sind als Werbung für Improtheater manchmal eine etwas heikle Angelegenheit. Viele Gruppen beschränken sich darauf, ein paar abgefilmte Impro-Szenen zusammenzuschneiden. Leider wirken diese Szenen oft nicht einmal halb so lustig wie sie es auf der Bühne waren, da der improvisatorische Moment sich nur schwer einfangen lässt. Auf Youtube zum Beispiel wird man sehen, dass viele Impro-Szenen fast immer weniger witzig sind als es das Lachen des Live-Publikums nahelegt. Das heißt für uns, dass wir, wenn wir schon Sequenzen aus unseren Shows als Teaser nutzen wollen, Szenen finden müssen, die mehr zeigen als die reine Spontaneität, Szenen, die *inhaltlich* interessant oder komisch sind, bzw. Szenen, die formal dermaßen überraschen, etwa wegen ihrer Kunstfertigkeit im Singen, Tanzen oder Akrobatik, dass sie für sich genommen ein Hingucker sind, egal ob man sich für Improtheater interessiert oder nicht. Da ihr als Künstler per se interessant seid, könnt ihr auch Fotos und Filmchen posten, die euch offstage zeigen: Hinter der

Bühne nach der Show, beim Proben, beim Rumalbern in einer fremden Stadt usw.

Lässt man Werbung oder gar eine Kampagne über Soziale Medien laufen, ist das höchste Ziel, einen Domino-Effekt zu generieren: Potentielle Zuschauer finden die Veranstaltung so interessant, dass sie es selber an Freunde weiterleiten. Schließlich geht man lieber zu einer Veranstaltung, die einem ein Bekannter, auf dessen Geschmack man vertraut, empfohlen hat, als wenn es in Form von Werbung vom Veranstalter selber kommt, den man vielleicht gar nicht kennt. Und geteilt wird eben das, was über die Reklame hinausweist.

Und sorgt schließlich auch dafür, dass ihr auch in Portalen wie ImproWiki oder Impro-News auffindbar seid.

7.2.2   E-Mail-Newsletter

Der E-Mail-Newsletter hat durch die Sozialen Medien ein wenig an Relevanz verloren, aber er ist durchaus bei jener Zielgruppe bedeutsam, die E-Mail als ihr bevorzugtes Kommunikations-Medium ansehen und bei jenen, die Facebook ablehnen. Zunächst ein paar Kleinigkeiten zur Newsletter-Netiquette:

- **Kein Spam**
  Trage niemandes E-Mail-Adresse in deinen Newsletter-Verteiler ein, der das nicht *ausdrücklich* wünscht, auch nicht die eigene Schwester und den Kleinkunst-Kollegen. Man verdirbt sich bei Freunden und Kollegen schnell den Ruf und gilt als Spammer, wenn man unverlangt Reklame versendet.
- **Privatsphäre schützen**
  E-Mail-Adressen nie offenlegen! Das heißt, entweder man setzt die Adressen BCC ein, oder man benutzt ein Newsletter-Programm, das automatisch dafür sorgt, dass die Adressen verdeckt bleiben.

- **Abbestellbarkeit**
  Hinterlasst eine deutliche Möglichkeit, den Newsletter abzu-
  bestellen und löscht entsprechende Adressen und auch
  Rückläufer rasch aus eurem Verteiler.

Verfasst die E-Mails möglichst kurz, prägnant und einigermaßen
unterhaltsam. Man bedenke, für die meisten Menschen sind
E-Mails tendenziell eine Zumutung, die zum Stress beitragen. Das
Problem ist, dass man nicht weiß, wann die Adressaten die E-Mails
empfangen. Viele erhalten sie an ihrem Arbeitsplatz, andere zu
Hause oder unterwegs. Aber mittlerweile werden E-Mails fast immer in einer Art Abarbeite-Situation empfangen. Lange E-Mails
werden eher ungern gelesen, also bringe man die eigene Botschaft
rasch unter. Seid klar, redet nicht lange um den heißen Brei herum.
Ein bisschen Humor schadet nicht, aber zu viel Ironie und Um-
die-Ecke-Gefasel lenkt den durchschnittlichen E-Mail-Leser von
der Botschaft eher ab.

Als Frequenz hat sich einmal alle ein bis zwei Monate als er-
träglich herausgestellt. Das mag selten erscheinen, aber wöchentliche Newsletter sind meistens die Hölle – sowohl für den Empfän-
ger, der zu viel Reklame als Spam empfindet und oft genug auch
für den Newsletter-Schreiber, der sich jedes Mal einen neuen Text
aus den Fingern saugen muss.

Schreibt anlassbezogen! Ihr habt Impro-Gäste aus einer anderen Stadt eingeladen, gegen die ihr ein Match spielt? Ihr habt ein
neues Format erfunden? Ihr spielt eine Spezial-Show mit Musik?
All das können Newsletter-Anlässe sein. Wer immer wieder eine
leicht variierte E-Mail des Inhaltes „Wie jeden Samstag spielen wir
auch diese Woche unsere wunderbare Impro-Games-Show „*Alles
spontano oder was?*" bekommt, ist schnell genervt. Und letztlich wollt
ihr ja Zuschauer an euch binden und nicht verlieren.

7.2.3 Website

Das Herz eurer Internet-Werbung sei eure Website[78]. Domains sind heute preiswert zu haben und auch das Design ist durch Quasi-Gratisanbieter wie Wordpress preiswert und einfach zu erstellen. Allerdings gibt es Ausnahmen: Wenn ihr es wirklich anspruchsvoll haben wollt, braucht ihr eventuell jemanden, der euch die Seite gestaltet.

Mein wichtiger, durch mehrfach schlimme Erfahrungen gesättigter Hinweis: Schaut euch das Portfolio des Designers an. Wie hat er andere Seiten gestaltet? Das Problem mit Webdesignern ist nämlich, dass sie oft zu viel des Guten machen. Ehe ihr es euch verseht, habt ihr eine funky Website, die in ihrer Originalität beeindruckt – mit animierten Flash-Intros, Seiten, die man „witzigerweise" von links nach rechts scrollt statt von oben nach unten, Bilder der Spieler, die aufpoppen, wenn man mit der Maus drüberfährt. So schick und originell das im Einzelnen auch sein mag, ihr habt wahrscheinlich sehr bald viele kleine Probleme – mit den Nutzern und mit der Bearbeitung.

Hier ein paar Faustregeln für einen einigermaßen gelungenen Internet-Auftritt:

- **Übersichtlichkeit und Praktikabilität**
  Zu verspielte Websites laden vielleicht beim ersten Besuch dazu ein, die vielen originellen Features auszuprobieren (weshalb man zunächst auch allenthalben Lob erfährt). Aber der durchschnittliche Besucher kommt nicht auf eure Seite, um dort lange zu verweilen, sondern weil er bestimmte Informationen sucht: Wann gibt es die nächste Show? Wie teuer ist der Eintritt? Wer sind die Spieler? Wo ist die Telefonnummer? Bietet die Gruppe Workshops an? Die Unübersichtlichkeit lässt einen solch pragmatischen Besucher

---

[78] Wenn man dauerhaft und professionell auftritt, muss man auch von jenen im Internet gefunden werden, die nicht auf Facebook oder anderen sozialen Medien unterwegs sind.

eher verzweifeln und schneller als gedacht, hat er sich per Klick verabschiedet.

- **Auffindbarkeit**

  Damit die Website von Suchmaschinen gefunden wird, muss das, was sie sein will, im Text vorkommen. In eurem Falle also der Begriff „Improtheater", euer Name, der Name eurer Stadt und eures Auftrittsorts. Gegebenenfalls die Namen der Spieler, die Workshops usw. Wichtig: Das Ganze muss als realer Text auf der Website auftauchen, nicht als Animation oder gescannte Foto-Datei.

  Um euch einen Platz in den vorderen Ergebnis-Plätzen der Suchmaschinen zu sichern, muss auf der Website etwas passieren, d.h. dass neue Shows und Workshops angekündigt werden, ab und zu Bilder erneuert werden, eventuell ein Blog eingebunden wird. Und ihr solltet verlinkt sein. Tragt euch in den entsprechenden Verzeichnissen von Impro-Gruppen im Impro-Wiki ein. Wenn ihr darüberhinaus verlinkt werden möchtet, müsst ihr vor allem relevant sein. Und relevant werdet ihr, indem ihr gut seid und bekannt seid...

- **Bearbeitbarkeit**

  Der Webdesigner hat euch mit seiner Super-Spezial-Software ein einzigartig originelles Produkt gezaubert. Ihr habt ihn ordentlich bezahlt. Und das war's. Ein halbes Jahr später tritt ein neues Mitglied eurer Gruppe bei, und ihr verzweifelt daran, wie ihr ein neues Bild einfügen sollt, ohne die Struktur der Website zu zerstören. Der Webdesigner ist über alle Berge oder verlangt für jeden weiteren Bearbeitungsschritt wieder Geld.

  Lasst euch erklären, wie ihr eure Seite verändern könnt, nicht nur Textinhalte, sondern auch Struktur, Logo, Fotos, Einbetten von Videos. Es sollte so einfach sein, dass ihr euch nicht mit Codes beschäftigen müsst. Denn zu den Aufgaben des Designers gehört auch, den Nutzern eine benutzerfreundliche Handhabung zu bieten.

Denkt bei eurer Website stets an eure Nutzer. Was wollen sie wissen? Macht es ihnen so einfach wie möglich. Verplempert nicht euren Platz mit „Was ist Impro?"-Erklärungen oder ähnlichem Kleinkram.

Wählt eure Fotos gezielt aus. „Witzige" Fotos, die zeigen, wie zwei Impro-Spieler grotesk aneinanderkleben, gibt es zuhauf. Nehmt Fotos, die euch so zeigen, wie ihr seid oder zumindest wie ihr gesehen werden wollt.

7.3   Flyer und Plakate

Ob Flyer oder Plakate – unsere Wahrnehmung ist übersättigt mit Angeboten. In Großstädten wird man optisch zugeballert mit Riesenplakaten, Plakaten an Litfaßsäulen, Bauzäunen oder auch illegal zugeklebten Flächen. In jeder Kneipe liegen Dutzende wenn nicht Hunderte Flyer an allen möglichen Orten. Die meisten Menschen versuchen eher, sich dieser massenhaften Dröhnung zu entziehen. Man stellt auf Durchzug. Das wiederum ist für die Designer und Verteiler von Flyern und Plakaten eine große Herausforderung

7.3.1 Design

Schlechten Plakaten sieht man an, dass sie am Computer entworfen wurden und es keinen Probe-Ausdruck gab. Plakate müssen nämlich auf eine bestimmte Entfernung wirken. Das heißt, beim Design muss man sich darüber Gedanken machen, auf welche Größe das Plakat gedruckt wird und in welcher Entfernung es zu sehen sein soll, ob die Leute eher daran vorbeigehen (zum Beispiel an einer Straße) oder ob das Plakat an einer Stelle hängt, wo Menschen eher stehen, schlendern oder warten (zum Beispiel an einer Bushaltestelle oder in einer Buchhandlung).

Prinzipiell sollte man mit den Informationen auf einem Plakat so sparsam wie möglich umgehen. Wer, wo, wann! Zusatzinfos wie Info-Mail-Adresse, Erklärungen usw. kann man sich sparen. Das

Plakat muss durch sich selbst neugierig machen. Wenn das gelingt, wird sich der Interessent im Internet die nötigen zusätzlichen Informationen holen. Die Aufmerksamkeit weckt man durch auffälliges, neugierig machendes Design. Schönheit allein genügt nicht. Wenn ihr nicht gerade einen echten Promi in euren Reihen habt, dann sind auch eure Köpfe allein kein Hingucker. Das Plakat muss irritierend und gleichzeitig klar gestaltet sein.

> Vor einer Weile warb ein Berliner Radiosender mit einem steckbriefartigen verwaschenen Foto eines seiner Moderatoren. Das ist noch nichts besonders Originelles. Aber statt des üblichen „Haben Sie diesen Mann gesehen?", stand dort:
>
> „Haben Sie diesen Mann GEHÖRT?"
>
> Und das war es, was einen neugierig werden und stehenbleiben ließ. Die Designer waren von der Wirkung so überzeugt, dass sie es sich sogar leisteten, den Namen des Radiosenders nur unauffällig im kurzen Fließtext zu nennen.

Flyer wiederum funktionieren etwas anders. Hier kann man ein bisschen mehr Information hinterlassen. Wer sie einmal in der Hand hat, liest sie sich auch eher durch. Wenn ihr relativ viele Informationen unterbringen wollt, zum Beispiel eine Liste eurer nächsten unregelmäßigen Auftrittsdaten, könnte es sinnvoll sein, diese auf der Rückseite zu platzieren, um das edle Design der Frontalansicht nicht zu verderben.

Die Druckkosten für Plakate und Flyer sind inzwischen so niedrig, dass sie ab einer bestimmten Auflagenhöhe schon geringer sind als im Copy-Shop. Kosten entstehen eher beim Verteilen.

7.3.2 Verteilung

Plakatierung

Plakatekleben im öffentlichen Raum ist teuer. Auch nur für kurze Zeit an prominenten Stellen, wie etwa Haltestellen der öffentlichen

Verkehrsmittel zu werben, kann schon leicht in den vierstelligen Euro-Bereich gehen, was für eine Amateurgruppe meistens utopisch ist. Solche Aktionen lohnen sich meistens nur dann, wenn für echte Groß-Ereignisse, wie zum Beispiel Festivals, geworben wird und man sich die Kosten mit anderen teilt oder wenn die Plakatierungskosten durch Sponsoring refinanziert werden.

Eine heikle Angelegenheit ist das wilde Plakatieren, das fast überall in Deutschland als Ordnungswidrigkeit verfolgt wird. In einigen Großstädten wie Berlin hat sich ein gewisser Laissez faire durchgesetzt, das heißt, Wildplakatierung wird in gewissen Grenzen toleriert, wenn man nicht gerade ausdrückliche Verbotshinweise missachtet oder privates oder öffentliches Eigentum beschädigt.[79] Für Sachbeschädigungen und die Ordnungsstrafe kommt hier der Veranstalter (also ihr selber) auf.

Indoor-Plakatierung bietet sich in den Nestern eures Publikums an – den Hochschulen, Buchhandlungen, Bibliotheken, Musik-Veranstaltungsorten in eurer Nähe. Wenn euer Auftrittsort in einem Wohnkiez liegt, könnt ihr auch die kleinen Gewerbetreibenden bitten – die Bäckerei, den Fahrradladen, das kleine Café usw.

Wegen der hohen Kosten muss man hier genau abwägen, ob der erhoffte PR-Nutzen realistischerweise erreichbar ist. Wieviele Leute bleiben wegen des Plakats stehen? Wieviele davon merken es sich? Wieviele davon kommen dann tatsächlich in unsere Shows, vielleicht auch mehrmals? Wenn eine Plakatierungs-Aktion 1.000,- Euro und euer Eintritt 10,- Euro kostet, dann braucht ihr einhundert Zuschauer, die *allein durchs Plakatieren* auf euch aufmerksam geworden sind, damit nur die Kosten Aktion wieder eingespielt wurden.

Plakatierungen sollten nie das einzige Werbemittel sein. Man frage sich selbst: Wie oft gehe ich zu einer durch Plakate beworbenen Veranstaltung, von der ich vorher weder die Künstler noch

---

[79] Disclaimer: Dies ist selbstverständlich kein Ratschlag, die Ordnungswidrigkeit des Wildplakatierens in die Tat umzusetzen. Ich gebe hier lediglich den Status Quo zum Zeitpunkt des Verfassens dieses Textes wider.

das Genre kannte? Plakate eignen sich gut als Teil einer Kampagne, wenn eine komplett neue Show, ein Ereignis oder das eigene Ensemble überhaupt erst mal bekannt werden soll. Ein unbedarfter potentieller Zuschauer, der immer wieder durch ein irritierendes Plakat von euch auf euch aufmerksam wurde, steht der Einladung eines Facebook-Freundes zu einer Veranstaltung von euch vielleicht etwas offener gegenüber.

Flyerverteilung

Am effektivsten verteilt man Flyer, wenn sie nur noch als Merkzettel dienen. Wenn ihr zum Beispiel einen prägnanten Kurzauftritt in einer Mixed Show absolviert, dann habt ihr hoffentlich viele Zuschauer so neugierig auf euch gemacht, dass sie mehr von euch sehen wollen. Den Flyer nehmen sie euch gerne aus der Hand. Auch unter Freunden, Bekannten und Kollegen kann man mit Flyern gut für sich werben. Es empfiehlt sich, immer ein paar dabeizuhaben. Auch wenn auf Partys oder in der Bar die Frage „Und was machst du so?" fällt, unterstreicht ein Flyer das Gesagte.

Flyer sind billig in der Herstellung. Deshalb liegt manchmal die Versuchung nahe, sie in großen Mengen in Kneipen auszulegen. Das Problem ist nur, dass sie genauso leicht auch weggeworfen werden. Oft genug sagt einem das Personal: „Von mir aus leg sie zu den anderen auf den Zigarettenautomaten." Da liegen sie dann im Wust des bunten Papiers, und niemand nimmt sie wahr. Falls man dennoch massenhaft Flyer verteilen will, dann gehe man gezielt ans Werk. Geht dorthin, wo ihr euer Publikum vermutet (ich rate wieder einmal zu Hochschulen) und drückt ihnen persönlich die Flyer in die Hand. Tut das entweder selbst oder lasst die Flyer von einer Person verteilen, die über euch auch Auskunft geben kann.

In einigen Städten stehen in Clubs und Kneipen Flyer-Aufsteller. Diese haben den Vorteil, dass sie ordentlich aussehen, regelmäßig gepflegt werden und oft auch die Aufmerksamkeit auf sich ziehen. Natürlich kostet das Ganze auch relativ viel Geld, weshalb man auch hier dem Design einen Extra-Gedanken widmen und die Auswahl mit Sorgfalt treffen sollte. Bestenfalls ist der Flyer sollte so cool gestaltet, dass man ihm seinen Zweck, nämlich Werbung zu sein, nicht unbedingt ansieht und so schön, dass man ihn als Postkarte verschicken möchte.[80]

7.4   Radio, Presse, Fernsehen

Grundsätzlich ist es am besten, wenn nicht ihr zur Presse, sondern die Presse zu euch kommt. Ein Bericht in einer Zeitung oder im Radio ist logischerweise mehr wert als eine geschaltete Anzeige oder ein Spot: Das Lob von anderen wirkt mehr als das Eigenlob.

Leider sind Journalisten mit Improtheater als solchem nur selten zu locken. Wenn in einer Zeitung bereits einmal über Improtheater berichtet wurde, heißt es oft: Das hatten wir schon. Hier hat Improtheater einen schwereren Stand als die Produktionen des Autorentheaters. Die einzige magere Chance ist ein neues Format, das wirklich als neue Produktion angepriesen wird. „Jede Woche eine Premiere", genügt als Slogan nicht.[81] Egal wie der Pressebe-

---

[80] Einen besonderen PR-Coup landete die monatliche Berliner Tanzveranstaltung „Soul Explosion", die mit besonders anmutig und edel wirkenden A5-Flyern arbeitete. Diese klebt sie mit Klebeband als Mini-Plakate in der gesamten Innenstadt an Straßenlaternen und Ampeln, quasi zum Mitnehmen. Die Flyer wurden rasch als gestalterische Kunstwerke zum Kult. Fans lösen sie vorsichtig von den Laternen, um sie bei sich zuhause an die Wand zu kleben. Man kann sich vorstellen, dass die Veranstalter über den „Diebstahl" ihrer Miniplakate ehrlich frohlocken. Eine solche Verehrung der Impro-Stars und ihrer Artefakte steht noch aus.

[81] Die unangenehme Kehrseite dieser Journalisten-Ignoranz sind die ewiggleichen Rezensionen von Impro-Shows auf dem Niveau des Bratwurst-Journalismus: „Das Publikum wälzt sich auf dem Boden vor Lachen, als sich in der zweiten Szene der Detektiv mit einer schizophrenen Katze auf dem Mars eine Opern-Arien-Battle liefert..." Fast immer beziehen sich die Journalisten auf absurde Situationen. So gut wie nie verstehen sie die Mechanismen der Improvisation, was letztlich dazu führt, dass sie kein Beurteilungs-Instrumentarium dafür haben, ob eine Impro-Show gut oder schlecht war. Sie erkennen nicht, ob die Spieler gut zusammengespielt haben. Sie wissen nicht die Feinheiten des improvisierten Bewegungs-Ablaufs zu schätzen. Komisches Timing ist ihnen schnuppe. Hauptsache „Fünf-vier-drei-zwei-eins! Und alles war

richt daherkommt, ob als Vorab-Bericht, als kurze Ankündigung oder als Theater-Kritik – er wird euch praktisch immer nützen. Selbst schlechte Presse ist gute Presse. Keine Presse, das ist schlechte Presse.

Aber wenn sich in den kommenden Jahren nicht Grundlegendes im Verhältnis Presse/Improtheater ändert, werdet ihr mit Anzeigen oder Kurz-Ankündigungen im Programmteil vorlieb nehmen müssen.

Jedoch ist durch das Internet die Reichweite des Programmteils von Tageszeitungen als auch die Auflage von ausgesprochenen Programmzeitschriften enorm zurückgegangen. Die Leserschaft besteht inzwischen hauptsächlich aus älteren kulturinteressierten Leuten, Neuankömmlingen und einer Handvoll Studenten, die Papier dem Internet vorziehen. Obwohl der Preis für Anzeigen gleichgeblieben ist, hat die Bedeutung dieser Art von Werbung abgenommen. Mein Tipp: Bleibt präsent im kostenlosen Programmteil. Schaltet die teurere Werbung nur für größere Kampagnen.

Einige Radiosender sind relativ offen für kurze Kulturhinweise, deren Ausstrahlung nicht länger als 20-30 Sekunden dauern. Man wird umso leichter mit ins Programm genommen, wenn man für die Hörer ein kleines Kontingent an Freikarten verlosen lässt.

Die Krönung der Berichterstattung ist das Fernsehen, so möchte man glauben. Selbst Regionalsender haben eine enorme Reichweite. Und doch halte ich Fernsehen als Medium für unsere Zwecke für relativ unergiebig. Das hat mehrere Gründe. Zunächst einmal berichtet das Fernsehen fast ausschließlich in Regionalsendern über Improtheater. Das liegt nahe und ist im Grunde auch nicht verwerflich, aber leider wird Regionalfernsehen vor allem von älteren Leuten geschaut, die weniger kulturell aktiv sind, son-

---

improvisiert." Auf kompetente Impro-Rezensionen muss man noch warten.
(Falls es da draußen einsame Journalisten mit Impro-Kenntnis gibt, verzeiht mir bitte. Ich bin auf eurer Seite.)

dern eben fernsehen.[82] Das zweite Problem ist: Fernsehen kann die Spontaneität von Impro meistens nur sehr schlecht einfangen.[83] Die Reporter stricken meistens eine Story um das Ensemble oder die Aufführung, filmen ein paar aus dem Zusammenhang gerissene, fünfzehn-sekündige Passagen ab, und das war's. Der dritte Grund ist, dass die Anwesenheit des Fernsehens oft die Show verdirbt. Da werden während der Show Scheinwerfer an und ausgeschaltet, Kameraleute trampeln im Zuschauerraum herum, ohne sich darum zu kümmern, dass hier Theater gespielt wird. Lasst euch eure Show nicht vom Fernsehen verderben. Wenn ihr dennoch Wert auf die Anwesenheit des Fernsehens bei eurer Show legt, dann gebt den Reportern strikte Anweisungen, an die sie sich zu halten haben:

- Filmen nur mit dem vorhandenen Bühnenlicht
- keine Belästigung der Zuschauer
- keine Bewegungen durch den Zuschauerraum während der Show.

7.5   Merchandising

T-Shirts, Kugelschreiber, Spielkarten, Unterhosen, Handtücher, Streichholzschachteln. Ich könnte die Liste der Gegenstände, mit denen Impro-Gruppen für sich werben, noch eine Weile fortsetzen. In den meisten Fällen dürfte der Werbe-Effekt allerdings gegen Null tendieren. Aus der Perspektive der Nutzer ist das verständlich: Warum sollte ich mir eine Show von einer Impro-Gruppe anschauen, nur weil ich meine Notizen mit einem Kugelschreiber mache, auf denen ihr Logo zu sehen ist?

---

[82] Eine Studie von 2011 zeigt, dass *alle* deutschen Regionalsender einen Zuschaueraltersdurchschnitt von über 61 Jahren hatten und damit über dem als Rentnersender verschrienen ZDF lagen.

[83] Bei Shows wie *Frei Schnauze* ist das etwas anderes, weil da ein komplettes Kamera-Team und ein Studio nur mit der Inszenierung der Impro-Show beschäftigt ist.

Für Zuschauer eurer Shows sind sie ein kleines Andenken, und im besten Fall gelingt euch mit einem coolen (ich meine, einem *wirklich coolen*) T-Shirt ein gewisser Fanbindungs-Effekt. Aber selbst die bedeutendsten Impro-Gruppen erreichen nicht einmal ansatzweise den Fan-Zuspruch einer mittelmäßig erfolgreichen Death Metal Band, die sich mit ihren Merchandise-T-Shirts ein paar Klimpergroschen dazuverdient.

7.6   Kurz-Auftritte

In der Regel werden Kurzauftritte in gemischten Comedy-Shows, oder kleine Slots bei anderen Improtheatern schlecht bis gar nicht bezahlt, es sei denn, ihr werdet für eine wirklich große Comedy-Show gebucht. Sie sind aber ein wunderbares Mittel, um sich einen Ruf zu erarbeiten.

Außerdem bieten Kurzauftritte insbesondere bei Mixed Comedy Shows die Möglichkeit, sich mit der Comedy-Szene zu vernetzen. Man lernt neue Leute kennen (vielleicht sogar potentielle Mitspieler) mit denen man weiter kooperieren kann, von denen man Techniken lernen kann und die einfach ein angenehmer Umgang sind. Habt keine Scheu, mit anderen Impro-Gruppen in derselben Comedy-Show aufzutreten. Gute Impro macht sich keine Konkurrenz, sondern belebt das Geschäft. Mehrere Impro-Szenen hintereinander sind fürs Publikum auch nicht langweilig, genauso wenig wie zwei nacheinander auftretende Komiker langweilig sind. Darüber hinaus liefern euch Impro-Kurzauftritte ein Gratis-Training. Anstatt (wie in der Probe) vor euren Kollegen, die eure Szenen kritisch beäugen oder unkritisch bejubeln, spielt ihr hier vor echtem Publikum, das nur eine Perspektive kennt: Habt ihr mich amüsiert oder nicht? Nicht nur für Anfänger, sondern auch für Gruppen mit vielen Spielern, die nur selten zum Einsatz kommen, bilden solche Shows eine gute Plattform.

Die Cross-Promotion unter Impro-Gruppen hat sich in Deutschland noch nicht wirklich etabliert, ist aber in einigen amerikanischen Großstädten üblich. Wir schenken euch fünf Minuten unserer Showzeit, in denen ihr für eure Show werben dürft, und dafür dürfen wir für unsere Show bei euch werben. Selbst wenn der Stil der anderen Gruppe ein ganz anderer ist, wird diese Irritation auch von Stammzuschauern meist wohlwollend wahrgenommen, da solche Aktionen auch den Gemeinschafts-Geist der Impro-Szene versprühen.

8 LITERATURVERZEICHNIS

Diese Bücher wurden im vorliegenden Werk erwähnt oder empfehlen sich als vertiefende Lektüre.

Vera Birkenbihl: *"Kommunikationstraining. Zwischenmenschliche Beziehungen erfolgreich gestalten"*

Robert Bramson: *"Coping With Difficult People"*

Julia Cameron: *"Der Weg des Künstlers"*

Stephen R. Covey: *"Die 7 Wege zur Effektivität"*

Mason Currey: *"Musenküsse. Für mein kreatives Pensum gehe ich unter die Dusche: Die täglichen Rituale berühmter Künstler"*

Randy Dixon: *"Im Moment"*

Stefan Kuntz: *"Survival Kit. Freies Theater und freier Tanz"*

Stephen Nachmanovitch: *"Free Play. Kreativität geschehen lassen"*

Christoph Nix: *"Theaterrecht: Handbuch für Bühnenkünstler"*

Dan Richter: *"Vierzehn Weisheiten für Impro-Spieler"*

Eberhard Stahl: *"Dynamik in Gruppen"*

Paul Johan Stokstad: *"How to start your own improv comedy group"*

Matthew Walker: *"Why We Sleep"*

9 IMPROVISATIONSTHEATER. ALLE BÄNDE

9.1 Veröffentlichungsplan

Okt 2018	Band 1: Die Grundlagen
Jan 2018	Band 8: Gruppen, Geld und Management
Apr 2019	Band 9: Impro-Shows
Jul 2019	Band 3: Szenen improvisieren
Nov 2019	Band 2: Schauspiel-Improvisation
Apr 2020	Band 5: Storys improvisieren
Jul 2020	Band 4: Finde das Spiel
Sep 2020	Band 6: Freie Formen und Collagen
Feb 2020	Band 7: Musikalische Improvisation
Jun 2021	Band 10: Improtheater unterrichten
Aug 2021	Band 12: Spiele und Formate für Shows, Proben und Workshops
Dez 2021	Band 11: Impro überall

9.2   Inhalt der folgenden Bände

Improvisationstheater. Band 1: Die Grundlagen

Improvisationstheater ermutigt, uns dem Moment zu überlassen und in eine lebendige Interaktion mit den Mitspielern und dem Publikum zu gehen, Neues zu wagen, Ängste hinter uns zu lassen und die eigenen Fähigkeiten zu erweitern. Dieser Band beleuchtet für Anfänger, Fortgeschrittene und Lehrer die Grundlagen des Improvisationstheaters. Wie erlangen wir Selbstvertrauen und die Sensibilität, auf den Partner eingehen zu können? Wie begegnen wir der Improvisation, damit sie zu dem werden kann, was in ihr schlummert – eine Kunst.
Veröffentlicht: Oktober 2018

Improvisationstheater. Band 2: Schauspiel-Improvisation

Der zweite Band der Reihe *Improvisationstheater* befasst sich mit dem spontanen Schauspielen. Wie improvisieren wir glaubwürdige Charaktere jenseits von Klischees? Wie nutzen wir Status und Emotionalität für eine kraftvolle Dynamik unserer Figuren? Mit welchen einfachen Mitteln können wir Pantomime und Bühnenpräsenz für die Zwecke des lebendigen Improvisationstheaters nutzen?
Veröffentlichung voraussichtlich November 2019

Improvisationstheater. Band 3: Szenen improvisieren

Der dritte Band widmet sich ausführlich der szenischen Improvisation. Wie beginnen wir Szenen? Wie führen wir sie fort? Und wie beenden wir sie? Wie schaffen wir eine stabile Plattform? Und wie improvisieren wir ohne Plattformen? Wie erschaffen wir kraftvolle szenische Konflikte? Wie unterstützen wir unsere Partner auf der Bühne und aus dem Off?
Veröffentlichung voraussichtlich Juli 2019

Improvisationstheater. Band 4: Finde das Spiel

Im vierten Band geht es um den Kern jeder Szene, jedes künstlerischen Prozesses – das freie Spiel. Wie finden wir das Spiel der Szene, die zugrundelegende Komik oder Tragik? Welche Muster und Formen können wir im szenischen Spiel erkennen und etablieren? Wie hilft uns das Spiel, Comedy zu erschaffen? Wie helfen uns die klassischen Impro-Spiele und welchen Nutzen haben versteckte Spiele?
Veröffentlichung voraussichtlich Juli 2020

Improvisationstheater. Band 5: Storys improvisieren

Storys halten uns im Theater gefesselt, wenn sie fesselnd auf die Bühne gebracht werden. Was sind die Grundlagen des improvisierten Storytelling? Wie können wir komplexe Storys improvisieren, ohne die Übersicht zu verlieren? Wie baut man Helden auf? Wie lässt man sie wirksam leiden, siegen und verlieren? Braucht die Story überhaupt Helden? Wie spielen wir mit Erwartungshorizonten? Wie können wir Genres und Stile nutzen, um unseren Storys den gewissen Schliff zu geben? Mit welchen Story-Werkzeugen geben wir der Story einen komischen, einen spannenden oder tragischen Dreh?
Veröffentlichung voraussichtlich April 2020

Improvisationstheater. Band 6: Freie Formen und Collagen

Modernes Improvisationstheater geht über konventionelles Storytelling und kurzformatige Sketche hinaus. Im sechsten Band der Reihe *Improvisationstheater* wird untersucht, wie sich Improtheater die Methoden und Mittel des modernen Theaters zu eigen machen kann. Wie entsteht die Poesie des Fraktalen? Welche Möglichkeiten eröffnen uns der *freie Harold* und seine Impro-Geschwister? Wie können Storys modern aufgebrochen werden, um ein neues Theatererlebnis zu erschaffen?
Veröffentlichung voraussichtlich September 2020

Improvisationstheater. Band 7: Musikalische Improvisation

Musikalisches Improtheater wird in diesem Band von zwei Seiten betrachtet – aus der Sicht der Impro-Schauspieler und der der Impro-Musiker. Wie improvisieren wir einfache Songs? Wie entwickeln wir daraus musikalische Formate wie klassische Opern oder Musicals? Wie können Musiker die Szene beeinflussen? Was macht die Musikalität einer Szene aus? Welche Rolle spielt Stille? Und welchen Platz hat der Musiker als Mitspieler im Team?
Veröffentlichung voraussichtlich Februar 2021

Improvisationstheater. Band 9: Impro-Shows

In diesem Band wenden wir uns dem großen Ganzen zu – den Impro-Shows. Wie findet man ein passendes Show-Format für die eigene Gruppe? Wie lässt sich eine Show sinnvoll aufbauen? Wie kommunizieren wir mit dem Publikum und welche Rolle spielen Publikumsvorschläge? Wie sollte man sich als Team im Backstage verhalten? Welche Formen von improvisierten Aufführungen gibt es jenseits der klassischen Impro-Show? Wie führt man Gagenverhandlungen? Und welche Arten von Vorstellungen sind sinnvoll bei gebuchten Auftritten?
Veröffentlichung voraussichtlich April 2019

Improvisationstheater. Band 10: Improtheater unterrichten

Improvisation zu unterrichten bedeutet, die Tugenden des Improvisierens ernst zu nehmen: Lasse dich auf die Schüler ein. Erkenne die Dynamik der Gruppe. Höre zu. Lass deine Schüler selbst zu Erkenntnissen gelangen. Improvisiere deinen Unterricht, statt dich auf ein allzu starres Curriculum festzulegen. Der zehnte Band zeigt, wie man Übungen und Spiele ihre pädagogische Wirkung entfalten lässt, wie man Anfänger und wie man Fortgeschrittene unterrichtet. Wie baut man einen mehrtägigen Workshop auf und wie wandelt man ihn auf dem Weg des Unterrichtens ab? Welche theaterpädagogischen Methoden eignen sich für Kinder und Jugendliche?

Wie trainiert man Teams in der Geschäftswelt? Und wie lassen sich diese Methoden in Therapie und Pädagogik anwenden?
Veröffentlichung voraussichtlich Juni 2021

Improvisationstheater. Band 11: Impro überall

Dieser Band weitet den Blick auf die Impro-Welt. Die beglückende Philosophie Improtheater dringt in immer mehr Bereiche – seine Techniken werden in Film und Fernsehen genutzt, im Tanz und in der Musik. Sogar in kunstfremden Systemen wie Politik, Business, Therapie und Pädagogik finden sich die Methoden des Improtheaters wieder. Wir werfen außerdem einen Blick auf die sich immer mehr vergrößernde Impro-Gemeinde – auf prägende Lehrer, Schulen und bedeutende Festivals.
Veröffentlichung voraussichtlich: Dezember 2021

Improvisationstheater. Band 12: Spiele und Formate für Shows, Proben und Workshops

Der letzte Band der Reihe *Improvisationstheater* enthält eine umfassende Liste von Spielen, Übungen, Langformen und Show-Formaten. Hier finden sich Spiele für jeden Zweck: Für Theater-Workshops, für Shows und für Gruppen-Warm-Ups. Die Spiele sind nach Kategorien unterteilt: Körperliche, verbale, erzählerische, szenische Spiele. Der Band enthält außerdem musikalische Formate und anspruchsvolle Langformen. Außerdem werden einige Kniffe zum Knacken von Genres und Stile beschrieben.
Veröffentlichung voraussichtlich: August 2021

10 DANK

Ich danke allen, die zum Zustandekommen dieses Buches beigetragen haben:

Arne Oehlsen, Micha Ebeling, Stephan Stark und Inge Richter, die ältere Versionen dieses Buches oder einzelne Passagen daraus gelesen, kommentiert und korrigiert haben,

Laura Kötter für die Covergestaltung,

Matthias Fluhrer für das Foto des Autors,

den Mitgliedern von „Foxy Freestyle" sowie den Mitgliedern meiner ehemaligen Gruppen „Paula P", „Die Bö" und „Dunkeltheater",

den Lesern und Kritikern meines Blogs „Improgedanken" und der Facebook-Seite „Improvisationstheater als Kunst",

den diskutierenden Improvisierern der Facebook-Gruppen „Improv Germany" und „Improvisational theatre – group for players worldwide" sowie des entschlafenen Forums YesAnd.com,

meiner langjährige Spielpartnerin und Ehefrau Stefanie Winny, die die Entstehung dieses Buchs enorm unterstützte, es korrigierte und immer ein offenes Ohr für Fragen hatte.

11 DETAILLIERTES INHALTSVERZEICHNIS